# PERSPECTIVISMO E INTERCULTURALIDADE

# PERSPECTIVISMO E INTERCULTURALIDADE

## Oswaldo Giacoia Junior

© Oswaldo Giacoia Junior
© n-1 edições, 2025
ISBN 978-65-6119-040-4

Embora adote a maioria dos usos editoriais do âmbito brasileiro, a n-1 edições não segue necessariamente as convenções das instituições normativas, pois considera a edição um trabalho de criação que deve interagir com a pluralidade de linguagens e a especificidade de cada obra publicada.

Coordenação editorial
Peter Pál Pelbart e Ricardo Muniz Fernandes

Direção de arte
Ricardo Muniz Fernandes

Gestão editorial
Gabriel de Godoy

Assistência editorial
Inês Mendonça

Preparação
Fernanda Mello

Revisão
Flavio Taam

Edição em LaTeX
Paulo Henrique Pompermaier e Julia Murachovsky

Capa
Isabel Lee

A reprodução parcial deste livro sem fins lucrativos, para uso privado ou coletivo, em qualquer meio impresso ou eletrônico, está autorizada, desde que citada a fonte. Se for necessária a reprodução na íntegra, solicita-se entrar em contato com os editores.

1ª edição | Abril, 2025
n-1edicoes.org

REVIRAVOLTAS

# PERSPECTIVISMO E INTERCULTURALIDADE

Oswaldo Giacoia Junior

n-1
edições

**Coleção Reviravoltas**

**Coordenação:** Eduardo Viveiros de Castro
e Déborah Danowski

Quando o mundo se torna a cada dia mais hostil,
é preciso desviar a flecha do tempo, fazer
com que ela chegue ao outro lado do futuro. Uma
reforma agrária do pensamento: uma outra
cartografia dos territórios existenciais, uma outra
geologia do transcendental. Os textos da
**Reviravoltas** — uma coleção que, como diria
o filósofo, inclina, sem necessitar — convidam
os leitores-viajantes a se juntar à tarefa que hoje
se impõe a todos nós, a de despredizer a
catástrofe e retomar o sentido da terra.

# Sumário

**Introdução**      7

**1 | O perspectivismo do ponto de vista antropológico-filosófico**      13

**2 | Para escapar do niilismo**      27

**3 | A catástrofe dos ideais ascéticos**      45

**4 | Perspectivas sobre o contemporâneo**      71

**5 | Perspectivismo, niilismo, identidades**      85

**6 | Gramática, ontologia e metafísica**      97

**7 | Conclusão**      113

# Introdução

Os textos reunidos neste volume representam uma tentativa de elaborar teoricamente um trabalho hermenêutico, realizado ao longo dos últimos anos, de um estudo em profundidade da obra filosófica de Friedrich Nietzsche com duplo propósito: por um lado, reconstituir, percorrer e analisar a trama de seus principais conceitos, temas e problemas à luz de sua inserção na tradição histórica da filosofia ocidental (em particular recuperando seus vínculos com o legado filosófico do idealismo alemão); por outro lado, relacionar o seu pensamento com questões e dilemas filosóficos, éticos, políticos e culturais de nosso presente (para o que, com alguma frequência, tornou-se necessário confrontar sua filosofia com outros campos de saber, tanto teóricos quanto práticos).

Conceito cunhado na filosofia tardia de Nietzsche, o perspectivismo é tomado como eixo aglutinador da coletânea. Este conceito responde a uma necessidade, experimentada por Nietzsche, de renovação do quadro categorial do pensamento filosófico, especialmente dos conceitos de objetividade e universalidade, de modo que, com o perspectivismo, Nietzsche submete a uma crítica radical a versão euroetnocêntrica de tais concepções, das quais, no entanto, originou-se a sua própria filosofia. Sob o viés do perspectivismo, Nietzsche se confronta com um paradoxo tanto desestabilizador quanto produtivo: aquele que consiste na tarefa de exibir, sem perda de consistência lógica e com observância dos protocolos tradicionais de coerência argumentativa, a impossibilidade de resgatar a onerosa pretensão metafísica de imparcialidade, neutralidade, objetividade e validez universal do conhecimento, revelando o caráter necessariamente perspectivístico – e, por conseguinte, condicionado – de toda pretensão ao absoluto, ao incondicionado, e, com isso, de toda forma de saber, e até mesmo de toda modalidade de existência.

Portanto, Nietzsche se dispõe a enfrentar a crise permanente da razão ocidental, tal como se configura na modernidade, afetando estabilidade e exigências tradicionais de validade das categorias lógicas e normativas acima mencionadas. As condições genealógicas dessa disrupção remetem à história do niilismo europeu, de modo que uma compreensão adequada do perspectivismo exige um esclarecimento a respeito do significado do niilismo, entendido como processo histórico de perda de sentido, validade e força vinculante por parte dos princípios e valores que tanto sustentavam a cognição, no plano epistêmico, quanto proviam as diretrizes de orientação para os modos de sentir e agir, no âmbito da práxis ética e política.

Assim, com base em Nietzsche, em alguns capítulos procuro mostrar que, como resultado de *uma* reflexão de tipo arqueogenealógica originada na tradição europeia, verificou-se, por meio da crítica, que **a** filosofia ocidental e o tipo de racionalidade lógica nela hegemônico constituem, em realidade e de acordo com os próprios parâmetros, ***uma*** perspectiva na qual e pela qual o pensamento se põe em busca de condições e possibilidades para um tipo de existência humana no mundo.

No entanto, considerada do ponto de vista de sua origem e desenvolvimento histórico, essa perspectiva particular logrou confundir-se tanto com **a filosofia** *enquanto tal* como com **a Europa** – uma vez que a Europa não pode ser adequadamente compreendida senão a partir da filosofia e sua história. Como os princípios e valores civilizacionais europeus, de certo modo, dominaram o processo de formação de todas as sociedades que neles se basearam – mesmo aquelas não situadas espacialmente no continente –, consolidou-se historicamente a significação do sintagma "Ocidente europeu", nos termos de identificação entre Europa e Ocidente, como "mundo ocidental".

Além disso, como a *ratio* ocidental europeia (sob a forma da tecnociência, dos modelos sociopolíticos e econômicos que dela derivam ou que nela se fundam) tinha se ampliado em escala global, a crise **da** filosofia – que se originou e desenvolveu por razões internas à própria filosofia – colocou a "razão ocidental" (europeia) numa condição de abertura necessária ao encontro e à confrontação com outros universos culturais, outras experiências de mundo ou, melhor, outros e diferentes mundos de experiência. Desse encontro e confrontação nascem a filosofia intercultural e, com ela, um novo continente, uma nova e urgente tarefa para o pensamento filosófico atual.

Essa tarefa resulta de um duplo movimento: numa vertente, temos razões extrafilosóficas para a crise, que advêm da hegemonia planetária da racionalidade tecnocientífica ocidental-europeia, com seus *standards* de verdade, validade, universalidade e funcionalidade, que acabaram por colonizar todas as regiões da Terra, ao unificá-las pelos mecanismos do mercado e da tecnologia de produção e consumo; já em outra vertente, ela resulta de um colapso interno da própria filosofia e de seu conceito, de uma crise que impõe a abertura para a confrontação com outras "filosofias" e outros "mundos", a partir da descoberta, com Nietzsche, da condição perspectivista de todo conhecimento e ação, inclusive, e sobretudo, da descoberta da Europa como o nome de uma grande perspectiva.

Nesse enquadramento, o perspectivismo de Nietzsche enseja não apenas as condições necessárias a uma ampliação de horizontes para uma filosofia intercultural, mas também libera o pensamento para uma autêntica filosofia da interculturalidade. Neste âmbito, apresentam-se novas possibilidades de realização para a exigência de universalidade, congênita à racionalidade ocidental-europeia, assim como se alarga o horizonte de compreensão do compromisso originário da filosofia com a verdade e a objetividade do conhecimento. A pretensão inalienável da razão à universalidade como valor epistêmico e normativo deixa de ser identificada com sua tradicional formulação euroetnocêntrica para asseverar-se como prerrogativa justa e possível unicamente no diálogo plural com a multiplicidade dos mundos culturais e históricos.

Diante dessa troca e confrontação, cada mundo cultural aparece precisamente enquanto âmbito simbólico e existencial no qual emergem, na linha da história, as múltiplas, diferentes e cambiantes configurações que chamamos mundos-da-vida, com formas próprias de organização e virtualidades de transformação e desenvolvimento: "o mundo" compreendido como οἶκος, o habitar humano na terra. Por isso mesmo também como um λόγος, em sentido ampliado, como espaço apofântico do verbo, da fala, do pensamento, do acontecer po(i)eticamente humano, em sua dimensão ética e política.

Nesse panorama atual de crise permanente, a Europa e todas as formações sócio-histórico-culturais dela originárias são levadas a encontrar e se medir com a potência da alteridade, com as figuras do Outro, num diálogo firmado em novas bases e sob novas condições. Não que no passado não fossem conhecidas filosofias não europeias; pelo contrário, a filosofia ocidental sempre esteve em contato com outros mundos e modos de acul-turação, como o egípcio, o persa, o chinês ou o hindu, por exemplo, mas também com povos e sociedades consideradas totalmente estranhas do ponto de vista euroetnocêntrico, porque "privadas de civilização ou cultura": os aborígenes das Américas, da África ou da Oceania, por exemplo.

"Por certo, sabia-se de outras modalidades de pensamento e de mundos da vida, extraocidentais, mas não se conseguia levá-los *filosoficamente* a sério, como isonômicos parceiros de fala."[1] Em nossos dias, o que se modifica essencialmente é a abertura e mesmo a necessidade de um diálogo entre universos culturais diferentes e heterogêneos, porém mutuamente considerados como interlocutores colocados em posição de isonomia.

> Outras culturas, a saber, extraeuropeias, têm também não somente suas filosofias; com elas, anunciam-se também pretensões que colocam criticamente em questão o predomínio do pensamento ocidental. Vinculados a isso estão não apenas os discursos filosóficos e acadêmicos sobre a relevância e a significação das respectivas filosofias – em que consistem suas variabilidades e invariâncias, por exemplo; decerto e sobretudo, com isso anunciam-se também modalidades totalmente diferentes de compreensão da vida e da existência, tipos de experiência e horizontes de pensamento estabelecidos de maneira inteiramente diversa.[2]

A partir da alteridade vivenciada nesses termos, é possível e necessário colocar em questão *filosófica e criticamente* as próprias bases filosóficas dos diferentes mundos culturais postos em diálogo e confrontação. Nesse processo, a diferença não é fator impeditivo para troca frutífera de experiências, pelo contrário, a diversidade constitui um elemento que induz e fomenta a recíproca fecundação das respectivas condições filosóficas de fundo. É nesse horizonte da interculturalidade que, em fecundo diálogo, procuro aproximar a genealogia de Nietzsche das tarefas e desafios que se impõem atualmente à filosofia no Brasil. Um primeiro passo nesse caminho é concretizado por esta coletânea.

Aqui se encontram tanto considerações filosóficas a respeito do que é o contemporâneo, suscitadas a partir de uma frequentação crítica da obra de Nietzsche, quanto uma tentativa de apropriação original da contribuição de Nietzsche para pensar questões fundamentais de nossa sociedade e cultura. O perspectivismo nietzchiano fornece uma chave de leitura original para a antropologia de Darcy Ribeiro e de Eduardo Viveiros de Castro, numa aproximação levada a efeito em capítulos especiais deste livro. Em particular, a história de formação da cultura e da sociedade brasileira, a partir da colonização, tal como se apresenta na obra de Darcy Ribeiro, com a multiplicidade viva dos "diferentes Brasis" (o Brasil sertanejo, o Brasil crioulo, o Brasil caboclo, o Brasil caipira e o Brasil sulino), é refletida a partir da noção nietzscheana de "organização do caos". De igual modo, o multinaturalismo e o perspectivismo cosmológico dos indí-

---

[1] G. Stenger, *Philosophie der Interkulturalität. Erfahrung und Welten. Eine phänomenologische Studie*. Friburgo; Munique: Verlag Karl Albert, 2006, p. 13.
[2] Ibid., pp. 19-20.

genas amazônicos, presentes na obra etnográfica de Eduardo Viveiros de Castro, dialogam produtivamente com o perspectivismo ontológico e epistemológico de Nietzsche, em especial sob o ângulo da produção histórica e social do corpo. Abre-se, assim, espaço para o tratamento, a partir de ângulos teóricos inusitados, de temas de grande relevância e atualidade, como aqueles de identidade sociocultural e decolonização.

Num momento histórico particularmente grave, em que não apenas a identidade étnica dos povos originários do Brasil está ameaçada, mas também sua própria existência física, ao mesmo tempo que o estatuto da Amazônia torna-se uma questão crucial para o futuro da humanidade – assim como para o destino do planeta –, os trabalhos antropológicos antes mencionados articulam vozes assinaladas, que abrem novas perspectivas a uma tarefa urgente da filosofia em nossos dias – em particular para a missão histórica que cabe ao Brasil na promoção de uma *filosofia da interculturalidade*. Encontramo-nos diante da grandiosa possibilidade, tragicamente ensejada, de retomar em novos termos e assumir responsavelmente o prognóstico que Stefan Zweig fazia para o Brasil como o país do futuro.

Planejo um aprofundamento e uma extensão das reflexões aqui contidas pela inclusão (nos marcos teóricos que orientaram esta coletânea) das obras de autores indígenas brasileiros, como Ailton Krenak e Daniel Munduruku, que também dialogam com os trabalhos de Bruce Albert, Davi Kopenawa e Viveiros de Castro, assim como com o trabalho científico feito em parceria pelo líder indígena Álvaro Tucano e o antropólogo José Jorge de Carvalho, significativamente próximo da parceria entre Albert e Kopenawa.

Esses caminhos, no entanto, são apenas divisados; seu trilhamento permanece uma perspectiva de futuro.

*São Paulo, janeiro de 2024*

# 1 |
# O perspectivismo do ponto de vista antropológico-filosófico: a produção corporal da alma

O tema-título deste congresso (*Mit Nietzsche nach Nietzsche*)[1] enseja a oportunidade de colocar conceitos fundamentais da filosofia de Friedrich Nietzsche – como vontade de poder e perspectivismo – em relação com uma teoria antropológica contemporânea que se baseia numa noção de perspectiva para pensar, de modo original, as relações entre natureza e cultura, criando uma linguagem analítica própria para abarcar questões de cosmologia e metafísica nos mundos indígenas da etnologia amazônica. O objetivo deste trabalho é proporcionar elementos que permitam ilustrar, com base em Nietzsche, como se podem romper automatismos intelectuais que estabelecem fronteiras intransponíveis entre disciplinas científicas.

Portanto, procura-se aqui estabelecer um contato dialógico entre o pensamento de Nietzsche e a autorrepresentação conceitual dos índios da Amazônia nos termos de seu próprio imaginário, forçando nossa capacidade de interpretação a se abrir para significações completamente diferentes e inauditas, pelo menos em termos da divisão técnica do trabalho universitário especializado. De modo algum pretendo – e isso deve ficar claro desde o início – sugerir uma aplicação empírica do perspectivismo filosófico nietzschiano a pesquisas de campo antropológicas e etnográficas. O que se encontra em jogo é um esforço reflexivo para produzir correlações significativas e fecundas entre domínios disciplinares que podem se iluminar e enriquecer mutuamente, sem descurar das respectivas especificidades de modelos teóricos.

---

[1] *Mit Nietzsche nach Nietzsche*. Congresso Internacional de Filosofia organizado pelo Kolleg Friedrich Nietzsche, em Weimar, em fevereiro de 2014. Uma versão compacta deste texto foi apresentada no mencionado evento.

Para meus propósitos neste texto, o perspectivismo é considerado como a contraparte epistemológica de uma interpretação filosófica do mundo lastreada no conceito de vontade de poder, não no sentido tradicional de uma teoria do conhecimento, mas como um operador hermenêutico, uma chave de interpretação que corresponde ao estatuto filosófico do conceito de vontade de poder na filosofia de Nietzsche.

De acordo com as pressuposições tácitas do perspectivismo nietzchiano, não há como postular uma constituição dos objetos do conhecimento de modo independente da subjetividade; mas também não temos o direito de postular a própria subjetividade como entidade subsistente. O mundo pensado como vontade de poder encontra sua perfeita correspondência numa epistemologia perspectivista plural e desprovida de sujeito substancial, ou mesmo de seu correspondente lógico-transcendental, como síntese *a priori* da apercepção.

Assim como o Ser em Aristóteles, vontade de poder é um termo equívoco na filosofia de Nietzsche, que só faz sentido pleno se empregado no plural, portanto, como vontades de poder. Tomando como pressuposto a *"Einsicht" (insight)* nietzschiana acerca do mundo interpretado como vontade(s) de poder, Wolfgang Müller-Lauter escreve:

> Poder-se-ia considerar que a vontade de poder (entendida como *uma* vontade de poder, ou mal-interpretada como *a* vontade de poder, no sentido de um *ens metaphysicum*) seria um sujeito, do qual o interpretar pudesse ser predicado; (sujeito, OGJ.) que, por sua vez, formaria o pressuposto anterior para processos [de interpretação. OGJ.][2]

Justamente com isso teríamos má filologia e uma espécie deturpada de interpretação do que seria a concepção de conhecimento em Nietzsche.

Por conseguinte, quando nos deparamos com passagens que evocam um *schrecklichen Grundtext homo natura* (*um **assustador** texto fundamental **homem natureza***), ou então alguma representação enfática de uma suposta natureza, na qual o homem deveria ser como que "retraduzido" (*zurückübersetzen*),[3] perguntamo-nos pela compatibilidade entre tais formulações e a hermenêutica antipositivista assumida por Nietzsche, segundo a qual não existem textos fundacionais, apenas interpretações; a nenhum extrato básico seria conferido o estatuto teórico de uma objetividade indepen-

---

[2] W. Müller-Lauter, *A doutrina da vontade de poder em Nietzsche*, trad. bras. Oswaldo Giacoia Jr. São Paulo: Anna Blume, 1997, pp. 124 ss.
[3] F. Nietzsche, Jenseits von Gut und Böse. 230 in: G. Colli e M. Montinari (orgs.), *Sämtliche Werke. Kritische Studienausgabe* (KSA). Berlim, Nova York, Munique: de Gruyter, DTV, 1980, v. 5, pp. 167 ss.

dente de perspectivas, como se fossem "arredondamentos" por parte do suposto "sujeito" interpretante. Em termos da hermenêutica de Nietzsche, portanto, não existem fatos (textos), apenas interpretações.

> Contra o positivismo, que permanece no fenômeno: "existem somente fatos", eu diria: não, justamente não há fatos, somente interpretações. Nós não podemos estabelecer nenhum fato "em si": é sem sentido, talvez, querer algo assim. Vocês dizem: "tudo é subjetivo"; mas isto é interpretação, o "sujeito" não é algo dado, mas algo composto e acrescentado, ocultamente posposto (*Hinzu-Erdichtetes, Dahinter-Gestecktes*). – É necessário, por fim, colocar ainda o intérprete por trás da interpretação? Já isto é composição poética (*Dichtung*), hipótese. Na medida em que, em geral, a palavra "conhecimento" tem sentido, o mundo é cognoscível: mas é sempre interpretável de outra maneira, ele não tem sentido por trás dele, mas inumeráveis sentidos, "perspectivismo". São nossas necessidades que interpretam o mundo: nossos impulsos (*Triebe*) e seus prós e contras. Todo impulso é uma espécie de ânsia de domínio, todo ele tem sua perspectiva, que gostaria de impor como norma a todos os outros impulsos.[4]

Daí decorre que a objeção, que pretendesse minar a pretensão epistêmica do perspectivismo, desqualificando-o como "subjetivo", sucumbiria à própria crítica nietzschiana: afirmar que "tudo é subjetivo" já seria, então, uma interpretação, pois não se pode mais considerar, a partir do estágio de conhecimento à nossa disposição, que o próprio sujeito fosse algo "dado", uma supra-histórica entidade substancial ou lógica – pois também o "sujeito" é sempre algo ficticiamente acrescentado pela interpretação, colocado por trás dela (*Hinzu-Erdichtetes, Dahinter-Gestecktes*).[5]

Em consequência da dissolução do polo subjetivo da relação cognitiva, o perspectivismo de Nietzsche opera também uma desconstrução da possibilidade de assumir dogmaticamente o polo objetivo dessa relação – a instância dos *fatos*, a suposta realidade objetiva –, na medida em que também eles dependeriam de interpretação, ou seja, de pontos de vista, que são evidentemente "subjetivos".

> Que as coisas tenham em si uma constituição (*Beschaffenheit*), de todo independente de interpretação e subjetividade, é uma hipótese totalmente ociosa: isto pressuporia que o interpretar e o ser-subjetivo não seriam essenciais; que uma coisa permaneceria uma coisa desligada de todas as relações. Inversamente: o caráter aparentemente *objetivo* das coisas não poderia redundar em mera diferença de grau no interior do subjetivo? – Que algo que se modifica lentamente apresenta-se

---

[4] Id., *Fragmento Inédito* n. 7 [60], do final de 1886 – primavera de 1887. In: KSA, 12, p. 315.
[5] Id., *Nachlassfragment*, 7 [60]. Ende 1886. Frühjahr 1887, KSA, Band 12, s. 315.

exteriormente para nós como "objetivamente" duradouro, como ente, como "em si"; – Que o objetivo seria puramente um falso conceito de espécie (*Artbegriff*) e um falso contrário (*Gegensatz*) no interior do subjetivo?[6]

Para Nietzsche, mesmo essa posição no interior do subjetivo tem de ser dissolvida, pois a impermanência e a insubsistência, que afetam o objeto, alcançam igualmente o substrato subjetivo do conhecimento:

> Nós prescindimos do *sujeito* atuante, e então também do *objeto* sobre o qual se atua. A duração, a identidade consigo mesmo, o Ser não é inerente nem ao que é chamado sujeito, nem ao objeto: são complexos do acontecer, em face de outros complexos aparentemente duradouros. – Portanto, por exemplo, pela diferença no ritmo (*tempo*) do acontecer (repouso-movimento, firme-mais frouxo: tudo isso são contrários, que em si não existem, e com os quais de fato expressam-se apenas diferenças de grau, que se comportam como contrários para uma certa medida de ótica. Nós prescindimos dos conceitos "sujeito" e "objeto", e então também do conceito de "*substância*" – e por consequência também de suas possíveis modificações, por exemplo, "matéria", "espírito" e outros seres hipotéticos, "eternidade e imutabilidade da matéria" (*Stoff*) etc. Não existem contrários: só a partir daqueles da lógica é que temos o conceito de contrários – e, a partir deles, os transpomos falsamente para as coisas. Nós prescindimos dos conceitos de "sujeito" e de "objeto", então também do conceito de "substância" – e por consequência também de suas diferentes modificações, por exemplo, "matéria", "espírito" e outras hipotéticas essências (*Wesen*), como "eternidade e inalterabilidade da matéria" etc. Nós nos livramos da materialidade (*Stofflichkeit*).[7]

---

[6] "Dass die Dinge eine Beschaffenheit *an sich* haben, ganz abgesehen von der Interpretation und Subjektivität, ist eine ganz müssige Hypothese: es würde voraussetzen, dass das Interpretieren und Subjektiv-sein nicht wesentlich sei, dass ein Ding aus allen Relationen gelöst noch Ding sei. Umgekehrt: der anscheinende objective Charakter der Dinge: könnte er nicht bloss auf eine Graddifferenz innerhalb des Subjektiven hinauslaufen? – daß etwa das Langsam-Wechselnde uns als 'objektiv' dauernd, seiend, 'an sich' sich herausstellte; dass das Objektive ein rein falscher Artbegriff und Gegensatz wäre innerhalb des Subjektiven?". F. Nietzsche, *Nachlassfragment* (Apontamento inédito, outono de 1887. KSA. v. 12, p. 353 s).

[7] "Geben wir das wirkende Subjekt auf, so auch das Objekt, auf das gewirkt wird. Die Dauer, die Gleichheit mit sich selbst, das Sein inärirt weder dem, was Subjekt, noch dem, was Objekt genannt wird: es sind Complexe des Geschehens, in Hinsicht auf andere Complexe scheinbar dauerhaft. – also z.B. durch eine Verschiedenheit im Tempo des Geschehens, (Ruhe-Bewegung, fest-locker: alles Gegensätze, die nicht an sich existirem und mit denen tatsächlich nur Gradverschiedenheiten ausgedrückt werden, die für ein gewisses Maaß von Optik sich als Gegensätze ausnehmen –. Geben wir die Begriffe 'Subjekt' und 'Objekt' auf, dann auch den Begrif 'Substanz' – und folglich auch dessen verschiedene Modificationen z. B. 'Materie', 'Geist' und andere hypothetische Wesen 'Ewigkeit und Unveränderlichkeit des Stoffes', usw. Wir sind die Stofflichkeit los." F. Nietzsche, *Nachlassfragment* 9 [91]. Herbst 1887. KSA Band 12, p. 384. Apontamento inédito, Outono de 1887. KSA. v. 12, p. 384.

Seria descabido, portanto, ceder à sedução da gramática, que nos leva a separar o que inseparavelmente se exige e entre-pertence. "Não se pode perguntar: *quem*, então, interpreta?; mas o interpretar, ele mesmo, como uma forma da vontade de poder, tem existência (não, porém, como um 'ser', mas como um *processo*, um *devir*) como um afeto."[8] Para Nietzsche, também não nos é lícito perguntar pelo "quem", por um sujeito da interpretação, aquilo com que sempre nos deparamos é com a inesgotável profusão dos inumeráveis sentidos:

> "Perspectivismo". São nossas carências *que interpretam o mundo*: nossos impulsos e seus prós e contras. Todo impulso é uma espécie de ânsia de domínio, todos têm sua perspectiva, que gostariam de impor como norma a todos os demais impulsos.[9]

A partir deste horizonte, pode-se compreender melhor as razões pelas quais Nietzsche considerava sua fisiopsicologia como uma tentativa de recuperação, para a Psicologia, do estatuto de saber fundamental, que ela desfrutara em Aristóteles; uma tal fisiopsicologia, como Nietzsche a praticou, seria a "senhora das ciências, para cujo serviço e preparação se encontram as demais ciências. Pois a psicologia é de novo doravante o caminho para os problemas fundamentais".[10]

Pois a fisiopsicologia de Nietzsche dissolve toda essência identitária, toda pretensa *"quididade"*, na qual ainda pudesse se refugiar a filosofia subjetivamente centrada, para diluí-la em redes complexas e plurais de relações de domínio, em *quanta* de forças em aliança e oposição, de sorte que nenhuma *"res"* permanece intacta, nem como a "coisa pensante" – a modo de Descartes –, e menos ainda como a *voluntas* – segundo o léxico de Schopenhauer. Nunca alcançamos um "texto" primordial, em nenhuma

---

[8] "Man darf nicht fragen: '*wer* interpretiert denn?' sondern das Interpretieren selbst, al seine Form des Willens zur Macht, hat Dasein (aber nicht als ein 'Sein', sondern als ein *Prozess*, ein *Werden*) als ein Affekt". F. Nietzsche, *Nachlassfragment*. 2 [151]. Herbst 1885-Herbst 1886. KSA, v. 12, p. 140 (Apontamento inédito, outono de 1885-outono de 1886. KSA, v. 12, p. 140).

[9] "Soweit überhaupt das Wort 'Erkenntnis' Sinn hat, ist die Welt erkennbar: aber sie ist anders *deutbar*, sie hat keinen Sinn hinter sich, sondern unzählige Sinne 'Perspektivismus'. Unsere Beduerfnisse sind es, *die die Welt auslegen*: unsere Triebe und derem Für und Wider. Jeder Trieb ist eine Art Herrschsucht, jeder hat seine Perspektive, welche er als Norm allen übrigen Trieben aufzwingen möchte." F. Nietzsche, *Nachlassfragment*. 7 [60]. Ende 1886- Frühjahr 1887. KSA, v. 12, p. 315. Apontamento inédito, final de 1886-primavera de 1887. KSA, v. 12, p. 315 s.

[10] F. Nietzsche, *Jenseits von Gut und Böse*, 23 in: G. Colli und M. Montinari (orgs.), *Saemtliche Werke. Kritische Studienausgabe* (KSA). Berlin, Nova York, Munique: de Gruyter, DTV, 1980, v. 5, p. 38 s.

parte se tem acesso ao real, à natureza em si das coisas, ou sequer à coisa mesma: nem pela via do "Eu" consciente, nem por uma suposta experiência imediata do corpo próprio, objetivado em termos anatomo-fisiológicos.

Penso que, com tais ensinamentos, podemos estabelecer relações fecundas entre o pensamento de Nietzsche e o perspectivismo ameríndio de Viveiros de Castro. No capítulo dedicado ao perspectivismo e ao multinaturalismo na América indígena, o antropólogo brasileiro desenvolve uma teoria do perspectivismo indígena amazônico extremamente desafiadora, do ponto de vista epistemológico, que, a meu ver, se comunica com a filosofia de Nietzsche. De acordo com Viveiros de Castro, existe na etnografia indígena uma visão de mundo segundo a qual o modo como os seres humanos veem (percebem ou perspectivam) as entidades animais e outras subjetividades que habitam o cosmos – aí compreendidos também, além dos animais, vegetais, espíritos e mortos – é diferente do modo como os humanos percebem (perspectivam) a si mesmos.

Humanos se concebem e percebem como sujeitos, ocupando, portanto, um ponto de vista a partir do qual o objeto – a objetividade do mundo em geral – é considerado pelo viés do esquema mental que estrutura a caça e seus procedimentos: isto é, as entidades que povoam o mundo são vistas como a caça visada pelo animal de presa, o alimento, focado a partir da ótica do sujeito/caçador. O esquema formal e os valores que estruturam esse ponto de vista são dados, portanto, pela caça, a pesca, a cozinha, as bebidas, a nutrição, as parcerias sexuais permitidas, as práticas e estratégias de guerra, os rituais de iniciação, o xamanismo, tendo o canibalismo como horizonte geral.

> Tipicamente, os humanos, em condições normais, veem os humanos como humanos e os animais como animais; quanto aos espíritos, ver estes seres usualmente invisíveis é um signo seguro de que as "condições" não são normais. Os animais predadores e os espíritos, entretanto, veem os humanos como animais de presa, ao passo que os animais de presa veem os humanos como predadores. Vendo-nos como não humanos, é a si mesmo que os animais e os espíritos veem como humanos. Eles se aprendem como, ou se tornam, antropomorfos quando estão em suas próprias casas ou aldeias, e experimentam seus próprios hábitos e características sob a espécie da cultura: veem seu alimento como alimento humano (os jaguares veem o sangue como cauim, os mortos veem os grilos como peixes, os urubus veem os vermes da carne podre como peixe assado etc.), seus atributos corporais (pelagem, plumas, garras, bicos etc.) como adornos ou instrumentos culturais, seu sistema social como organizado identicamente às instituições humanas (com

chefes, xamãs, regras de casamento etc.). Esse "ver como" refere-se literalmente a perceptos, e não analogicamente a conceitos, ainda que, em muitos casos, a ênfase seja mais no aspecto categorial que sensorial do fenômeno.[11]

Ser sujeito, ser pessoa, é um *processo* que envolve necessariamente intencionalidade e *agency*, não, porém, uma substância. Ser pessoa, ser sujeito significa tanto quanto "ter alma", e esse "ter alma" constitui-se como *ser capaz de assumir um ponto de vista*, de modo que as subjetividades ameríndias – sejam elas humanas ou aquela dos mortos, dos animais, dos espíritos e, de modo especial, dos xamãs (que são os únicos capazes de transitar pelas perspectivas interespecíficas) – são perspectivas não tributárias de nenhuma psicologia substancialista, mas pertencem essencialmente a uma semiótica, compondo uma "pragmática do signo" e sua interpretação, na qual natureza e cultura se interpenetram, dissolvendo o binarismo das oposições tradicionais, entre sujeito e objeto, indivíduo e sociedade, natureza e cultura.

A pessoa – humana ou não humana – não se define em termos de substantivos, mas pronominais – o pronome e a função pronominal entendida como um signo da instância de enunciação, como um marcador não identificado com o nome próprio, cujo estatuto gramatical consiste em ser uma expressão linguística do tipo "a gente" (*man*) – que transita pronominalmente do substantivo para o perspectivístico.

Esta postura epistemológica serve de base não para uma teoria multiculturalista – uma forma de relativismo que associa as diferentes perspectivas a diferentes formações sócio-histórico-culturais –, mas para um multinaturalismo cultural: os animais e todos os entes dotados de intencionalidade e *agency* não são sujeitos *porque* seriam seres humanos camuflados; o que se passa aqui é justamente o contrário: animais e não humanos são *também* humanos porque são potencialmente sujeitos, porque são capazes de assumir um ponto de vista, uma perspectiva. Assim, o que varia é o que eles veem, a saber, "o mundo".

> Isso significa dizer que *a Cultura é a natureza do sujeito*; ela é a forma pela qual todo agente experimenta sua própria natureza. O animismo não é uma projeção figurada das qualidades humanas substantivas sobre os não humanos; o que ele exprime é uma equivalência real entre as relações que humanos e não humanos mantêm consigo mesmos: os lobos veem os lobos como os humanos veem os humanos – como humanos. O homem pode bem ser, é claro, um "lobo para o

---

[11] Eduardo Viveiros de Castro, *A inconstância da alma selvagem – e outros ensaios de antropologia*. São Paulo: Cosac & Naify, 2002, p. 350.

homem"; mas, em outro sentido, o lobo é um homem para o lobo. Pois se a condição comum aos humanos e animais é a humanidade, não a animalidade, é porque *humanidade* é o nome da forma geral do sujeito.[12]

Em outras palavras, a condição comum aos humanos e animais é recoberta por aquilo que tradicionalmente se perfila do lado da cultura e do espírito, a saber, a humanidade e a subjetividade.

Opera-se, portanto, uma inversão de perspectivas que descerra o horizonte para uma fenomenologia cosmológica, que recombina natureza e cultura segundo um estatuto teórico que não tem equivalente na metafísica ocidental. Natureza e cultura, nas cosmologias ameríndias, constituem contextos relacionais e circunscrevem condições inteiramente dessubstancializadas, não podendo ser compreendidas como regiões ônticas, mas como perspectivas móveis, nas quais a ocupação de um ponto de vista sempre reversível ocorre em função dos operadores intercambiáveis, relativos à presa e ao predador.

Em razão disso, o perspectivismo das cosmologias ameríndias estudadas por Viveiros de Castro não pode ser confundido, de modo algum, com um relativismo epistemológico ou cultural, da mesma forma como o perspectivismo nietzchiano não redunda num relativismo que equipara todas as perspectivas. Nas cosmologias ameríndias, humanos e não humanos representam (perspectivam) "o mundo" da *mesma* maneira, segundo os mesmos operadores categoriais e axiológicos. Aquilo que se modifica é mais "a natureza", "*o mundo*" do que a maneira de vê-lo.

> O relativismo cultural, um multiculturalismo, supõe uma diversidade de representações subjetivas e parciais, incidentes sobre uma natureza externa, indiferente à representação; os ameríndios propõem o oposto: uma unidade representativa ou fenomenológica puramente pronominal, aplicada indiferentemente sobre uma diversidade real. Uma só "cultura", múltiplas "naturezas"; epistemologia constante, ontologia variável – o perspectivismo é um multinaturalismo, pois uma perspectiva não é uma representação. Uma perspectiva não é uma representação porque as representações são propriedades do espírito, mas o ponto de vista está no corpo.[13]

De acordo com Viveiros de Castro, na fenomenologia perspectivista dos indígenas amazônicos, por um lado os animais perspectiva mas coisas da mesma forma que os humanos (veem um "mundo"); mas, por outro lado, fazem-no também diferentemente dos humanos porque *seus corpos são diferentes de nossos corpos* – e isso não apenas de um ponto de vista

---

[12] *Ibid.*, p. 374.
[13] *Ibid.*, p. 379 s.

da morfologia somática ou de meras diferenças fisiológicas. O modo de constituição diversa dos corpos é signo de capacidades e potências de afecção diferentes – um corpo se identifica e diferencia dos outros por seu regime mais ou menos estável de afecções, virtualidades e afetos.

> O que estou chamando de *corpo*, portanto, não é sinônimo de fisiologia distintiva ou de anatomia característica; é um conjunto de maneiras ou modos de ser que constituem um *habitus*. Entre a subjetividade formal das almas e a materialidade substancial dos organismos, há esse plano central que é o corpo como feixe de afecções e capacidades, e que é a origem das perspectivas. Longe do essencialismo espiritual do relativismo, o perspectivismo é um *maneirismo* corporal.[14]

Aqui também, portanto, vige uma ontologia modal, modalizações *habituais*, em vez de substâncias fixas e estáveis.

Do lado de Nietzsche – e contra o discurso da "alma" ou da "*res cogitans*", que se limita a dizer eu, o corpo faz eu: " 'Eu', dizes tu e estás orgulhoso desta palavra. Mas o que é maior, e aquilo em que não queres crer – o teu corpo e sua grande razão – não diz Eu, mas faz Eu".[15] Em correspondência, do lado de Viveiros de Castro, nas ontologias ameríndias, existe uma produção social do corpo, que não é da ordem do *fato*, mas do *feito*. Daí a ênfase conferida por ele aos métodos de fabricação contínua do corpo, a concepção do parentesco como processo de assemelhamento ativo dos indivíduos; pela partilha de fluidos corporais, sexuais e alimentares – e não como herança passiva de uma essência substancial –, a teoria da memória que se inscreve na "carne", e mais geralmente uma teoria do conhecimento que o situa no corpo.[16]

Ora, nada mais significativo do perspectivismo de Nietzsche do que sua ancoragem corporal, num horizonte em que o corpo não significa apenas o suporte material da alma, do intelecto ou da razão. "O corpo humano, no qual o passado inteiro de tudo o que é orgânico, o mais distante e o mais próximo, torna-se vivo e vivente, para além do qual uma imensa e inaudível torrente parece fluir: o corpo é um pensamento mais admirável do que a antiga 'alma'."[17] Nesse sentido, como modelo de unidade subjetiva, o

---

[14] *Ibid.*, p. 380.
[15] F. Nietzsche, *Also Sprach Zarathustra*. I: *Von den Verächtern des Leibes* in: G. Colli e M. Montinari (orgs.), *Sämtliche Werke. Kritische Studienausgabe* (KSA). Berlim; Nova York; Munique: De Gruyter; DTV, 1980, v. 4, p. 39.
[16] Eduardo Viveiros de Castro, "Os pronomes cosmológicos e o perspectivismo ameríndio", MANA, v. 2, n. 2, pp. 115-144, 1996, aqui p. 131.
[17] "Der menschliche Leib, an dem die ganze fernste und nächste Vergangenheit alles

corpo é, para Nietzsche, não um objeto da curiosidade teórica, mas "um pensamento admirável"; sendo assim, o autêntico umbigo do universo, insondável em sua natureza labiríntica, é o perspectivístico fio de Ariadne que nos guia pelos percursos mais abissais do universo, entendido como rede de configurações, múltiplas ramificações da infinitamente proteiforme vontade de poder. O tipo de unidade que se realiza no corpo não se limita ao registro do físico-somático, biológico, daquilo que *stricto sensu* se determina como o objeto da fisiologia, mas tem a impalpável concretude de um campo de forças, ou de uma superfície de cruzamento entre perspectivas variadas.

Como escreve Nietzsche, o corpo é o campo de incidência de uma semiótica infinita, no corpo fala sempre a linguagem dos sinais. "– Todos os movimentos são sinais de um acontecer interno, e todo acontecer interno se expressa em tais modificações das formas. O pensamento ainda não é o próprio acontecer interno, mas, em todo caso, apenas uma linguagem de sinais para o equilíbrio de poder dos afetos." Sendo assim, aquilo que dá ensejo ao maravilhamento filosófico é o prodigioso fenômeno do corpo.

> O que há de muito mais admirável é o *corpo*: não se pode cessar de admirar como o *corpo* humano tornou-se possível: como tal prodigiosa unificação de seres viventes, cada um deles dependente e subordinado, e, no entanto, em certo sentido, de novo comandando e agindo a partir de uma vontade própria, como ele, como um todo, pode viver, crescer e persistir durante um tempo – e isto visivelmente *não* acontece por meio da consciência. Para este "milagre dos milagres" a consciência é precisamente apenas uma "ferramenta", e nada mais.[18]

O corpo adquire, assim, uma dignidade ontológica que exige a renúncia a insensatos arroubos metafísicos que buscam seu conhecimento integral e sua significação definitiva. Exige ser entendido, antes, como pegada no insondável caminho do orgânico em geral, como uma marca seguida pela vida, em seu conjunto – como um traço de memória cósmica que nos é íntimo, familiar. "O mundo, visto, sentido, interpretado de tal e

---

organischen lebendig und leibhaft wird, über den hinweg und hinaus ein ungeheurer unhörbarer Strom zu fliessen scheit: der Leib ist erstaunlicherer Gedanke als die alte 'Seele' ". F. Nietzsche, Fragmento póstumo, KSA, jun.- jul. 1885, n. 36 [35], *op. cit.* v. 11, p. 565.
[18] "Das Erstaunlichere ist vielmehr der Lei: man kann es nicht zu Ende bewundern, wie der menschliche Leib möglich geworden ist: wie eine solche ungeheure Vereinigung von lebenden Wesen, jedes abhängig und unterthänig und doch in gewissem Sinne wiederum befehlend und aus eignem Willen handelnd, als Ganzes leben, wachsen und eine Zeit lang bestehen kann –: und dieß geschieht ersichtlich nicht durch das Bewußtsein! Zu diesem 'Wunder der Wunder' ist das Bewußtsein eben nur ein 'Werkzeug' und nicht mehr –". F. Nietzsche, Fragmento Póstumo, KSA, jun.-jul. 1885, n. 37 [4], *op. cit.* v. 11, p. 576s.

tal maneira que a vida orgânica se mantém nesta perspectiva. O homem *não* é só um indivíduo, mas a totalidade do orgânico continuando a viver numa determinada linha. Que ele persista, fica provado com isso que um gênero de interpretação (ainda que sempre ampliada) também persistiu, que o sistema de interpretação não mudou."[19]

Como unidade de organização, o corpo nos abre a perspectiva para uma compreensão da totalidade do orgânico, já que *o ser humano **não é senão essa mesma totalidade continuando a viver** em determinada **direção**.* Este si mesmo corporal, de que o "Eu/consciência" é apenas uma projeção mental, não é o contrário da racionalidade, mas sua verdadeira figura, mesmo que ignorada. A pequena razão – que chamamos consciência, intelecto ou mesmo mente – é apenas instrumento da "grande" razão, cujas fronteiras, extensão e possibilidades permanecem desconhecidas para a consciência. Um dos efeitos da inversão operada pela genealogia nietzschiana vai consistir em indicar essa dimensão inaudita, sobre cujo pano de fundo a consciência (a pequena razão) aparece como uma ilha pequena e frágil num oceano infinito.

> *Insight*: trata-se, em toda estimativa de valor, de uma determinada perspectiva: conservação do indivíduo, de uma comunidade, de uma raça, de um Estado, uma Igreja, uma crença, uma cultura – em virtude do esquecimento de que só existe um avaliar perspectivo, fervilham todas as estimativas de valor contraditórias, e, consequentemente, de impulsos contraditórios em um homem. – Esta criatura repleta de contradições tem, porém, em sua essência um grande método do conhecimento: ela sente muitos prós e contras – ela se eleva até a justiça – para a compreensão para além da estimativa de bem e mal. O homem sapientíssimo seria o mais rico em contradições, que tem como que órgãos de tato para toda espécie de homem: tem entre eles seus grandes instantes de grandioso soar em uníssono – o grande acaso também em nós! –, uma espécie de movimento planetário.[20]

---

[19] "Die Welt, so und so gesehen, empfunden, ausgelegt, daß organisches Leben bei dieser Perspektive von Auslegung sich erhält. Der Mensch ist nicht nur ein Individuum, sondern das Fortlebende Gesammt-Organische in Einer bestimmten Linie. Daß er besteht, damit ist bewiesen, daß eine Gattung von Interpretation (wenn auch immer fortgebaut) auch bestanden hat, daß das System der Interpretation nicht gewechselt hat". F. Nietzsche, Fragmento póstumo do fim de 1886-primavera de 1887, número 7 [2]. In: KSA. *Op. cit.* v. 12, pp. 251 ss.

[20] "Einsicht: bei aller Werthschätzung handelt es sich um eine bestimmte Perspective: Erhaltung des Individuums, einer Gemeinde, einer Rasse, eines Staates, einer Kirche, eines Glaubens, einer Cultur – vermöge des Vergessens, daß es nur ein perspektivisches Schätzen giebt, wimmelt alles von widersprechenden Schätzungen und folglich von widersprechenden Antrieben in Einem Menschen. – Dies widerspruchsvolle Geschöpf hat aber an seinemWesen eine große Methode der Erkenntniß: er fühlt viele Für und Wider – er erhebt sich zur Gerechtigkeit – zum Begreifen jenseits des Gut- und Böseschätzens. Der

Ao contrário da ilusão subjetiva da consciência, que é um efeito induzido pela gramática da linguagem (um "Eu" que é meramente discursivo, portanto, que é apenas *dito*), o corpo, como unidade produzida a partir da multiplicidade, não é apenas discurso, mas um *fazer* (ele faz o "Eu"). Trata-se aqui de um fazer, de um "caráter performático", ativo e produtivo do corpo, que encontra um perfeito equivalente nos corpos ameríndios.

> O caráter performado mais que dado do corpo, concepção que exige que se a diferencie "culturalmente" para que ele possa diferenciar "naturalmente", tem uma evidente conexão com a metamorfose interespecífica, possibilidade sempre afirmada pelas cosmologias ameríndias. Não devemos nos surpreender com um pensamento que põe os corpos como grandes diferenciadores e afirma ao mesmo tempo sua transformabilidade. Nossa cosmologia supõe a distintividade singular dos espíritos, mas nem por isso declara impossível a comunicação (embora o solipsismo seja um problema constante) ou desacredita da transformação espiritual induzida por processos como a educação e a conversão religiosa; na verdade, e precisamente porque os espíritos são diferentes que a conversão se faz necessária (os europeus queriam saber se os índios tinham alma para poder modificá-la). A metamorfose corporal é a contrapartida ameríndia do tema europeu da conversão espiritual.[21]

Estes elementos não podem ser adequadamente compreendidos como dados, naturais, ou como *fatos* – devendo antes ser considerados como *feitos*, como socialmente produzidos. "A *Bildung* ameríndia incide sobre o corpo antes que sobre o espírito: não há mudança espiritual que não passe por uma transformação do corpo, por uma redefinição de suas afecções e capacidades."[22] Verifica-se, pois, que tais processos de interpretação se perfazem na completa ausência da subjetividade, seja substancial ou síntese lógico-transcendental – a formação (*Bildung*) se realiza seguindo as pegadas do corpo, o fio condutor de seus caminhos e atalhos.

Tudo se passa em circuitos hermenêuticos nos quais são significadas as nossas carências (*Bedürfnisse*), afecções e capacidades. Em termos de Nietzsche, são nossas necessidades, desejos e carências que interpretam o mundo: portanto, é no registro de nossos afetos, no que sentimos e pensamos, no que

---

weiseste Mensch wäre der reichste an Widersprüchen, der gleichsam Tastorgane für alle Arten Mensch hat: und zwischeninnen seine großen Augenblicke grandiosen Zusammenklangs – der hohe Zufall auch in uns! – eine Art planetarischer Bewegung". F. Nietzsche, Fragmento Póstumo, KSA, verão-outono 1884, n. 26 [119], v. 11, pp. 181 ss. A divisão do trecho citado reproduz a disposição interna do manuscrito do próprio autor.

[21] Eduardo Viveiros de Castro, *A inconstância da alma selvagem – e outros ensaios de antropologia*. São Paulo: Cosac & Naify, 2002, p. 390.

[22] *Ibid.*, p. 390.

*interpretamos* como necessidades e impulsos, que se encontra o elemento comandando em profundidade os processos psíquicos que acorrem à consciência; processos sempre chegam à consciência *como que* provindos de fora, por meio daquilo que se *exterioriza*, e, desse modo, tornam-se também *superfície*.

Para Viveiros de Castro,

> uma perspectiva não é uma representação porque as representações são propriedades do espírito, mas *o ponto de vista está no corpo*. Ser capaz de ocupar o ponto de vista é sem dúvida uma potência da alma, e os não humanos são sujeitos na medida em que têm (ou são) um espírito; mas a diferença entre os pontos de vista (e um ponto de vista não é senão diferença) não está na alma, pois esta, formalmente idêntica através das espécies, só enxerga a mesma coisa em toda parte – a diferença é dada pela especificidade dos corpos. Isso permite responder às perguntas: se os nãohumanos são pessoas e têm almas, em que se distinguem dos humanos? E por que, sendo gente, não nos veem como gente?[23]

É, portanto, em razão de seus corpos e de seus regimes próprios que os "outros" se veem e se distinguem de "nós". O corpo é tanto o território de ancoragem dos pontos de vista como a abertura e o lugar de emergência de "Outrem" – a saber, da alteridade, que abre o horizonte de mundos possíveis.

Em Nietzsche, nossos impulsos e afetos é que são traduzidos na linguagem do "sim" e do "não", um léxico que expressa nossos juízos, opiniões e sentimentos, como testemunho concreto, mudo ou tagarela, de nossas formas de vidas. São nossos maneirismos, nossos regimes de afecção, assim como nossos pensamentos, múltiplos, plurais e inevitavelmente misturados em cambiantes jogos de força e constelações de signos, que constituem aquilo que, para a consciência, pode, finalmente, configurar-se e aparecer (ou mesmo nunca aparecer) como um *Ego*, como um sujeito ou Si-Mesmo, que corresponde a um mundo – e ambos não preexistem a essa relação.

Daí o espanto, a admiração comparável àquela de Spinoza sobre o que pode um corpo, que em Nietzsche se amplia na perspectiva de um "sentimento cósmico". O que podemos dizer é que também na tarefa de uma vida, o caminho para si próprio passa pela produção social, performática do corpo, pela trajetória, quase nunca linear, de encontros e desencontros, de escolhas e imposições, como signos diferenciadores de um percurso de subjetivação, no qual o conhecimento de Si-Próprio leva

---

[23] Eduardo Viveiros de Castro, "Os pronomes cosmológicos e o perspectivismo ameríndio", MANA, v. 2, n. 2, pp. 115-144, 1996, p. 128.

à responsabilização por si, que só pode ocorrer ao longo da existência individualmente assumida, marcada pelos objetos de nossas mais ardentes venerações, mas também de nossas aversões e antagonismos.

> Devemos afinal, como homens do conhecimento ser gratos a tais resolutas inversões das perspectivas e valorações costumeiras, com que o espírito, de modo aparentemente sacrílego e inútil, enfureceu-se consigo mesmo por tanto tempo: ver assim diferente, *querer* ver assim diferente, é uma grande disciplina e preparação do intelecto para a sua futura "objetividade" – a qual não é entendida como "observação desinteressada" (um absurdo sem sentido), mas como faculdade de ter seu pró e seu contra *sob controle* e deles poder dispor: de modo a saber utilizar em prol do conhecimento a *diversidade* de perspectivas e interpretações afetivas... Existe *apenas* uma visão perspectiva, apenas um "conhecer" perspectivo; e *quanto mais* afetos permitimos falar sobre uma coisa, *quanto mais* olhos, diferentes olhos, soubermos utilizar para essa coisa, tanto mais completo será nosso "conceito" dela, nossa "objetividade".[24]

Este texto pode ser colocado em correspondência com as noções de "mundos possíveis" e de "Outrem", tal como as elabora o perspectivismo de Eduardo Viveiros de Castro. Além das interpretações tradicionais, no sentido de um relativismo cultural das perspectivas, e da pressuposição de uma referência incontornável a uma natureza em si do mundo, inacessível a todas as perspectivas, restaria pensar – também em Nietzsche – essa objetividade alargada como possibilidade de diferentes perspectivas entendidas como "mundos da vida", criações de mundo que corresponderiam à história de formação de povos e culturas, ou seja, de pontos de vista lastreados numa produção social dos corpos.

### Bibliografia

NIETZSCHE, F. *Sämtliche Werke*. Kritische Studienausgabe. Org. G. Colli e M. Montinari. Berlim; Nova York; Munique: De Gruyter; DTV, 1980.

_____. *Genealogia da moral*, trad. bras. Paulo César de Souza. São Paulo: Companhia das Letras, 1998.

MÜLLER-LAUTER, W. *A doutrina da vontade de poder em Nietzsche*, trad. bras. Oswaldo Giacoia Jr. São Paulo: Anna Blume, 1997.

VIVEIROS DE CASTRO, E. "Os pronomes cosmológicos e o perspectivismo ameríndio". MANA, v. 2, n. 2, pp. 115-144, 1996.

_____. *A inconstância da alma selvagem – e outros ensaios de antropologia*. São Paulo: Cosac & Naify, 2002.

---

[24] F. Nietzsche, *Genealogia da moral*, III, 12, trad. bras. Paulo César de Souza. São Paulo: Companhia das Letras, 1998, pp. 108 ss.

## 2 |
## Para escapar do niilismo: perspectivismo e antropofagia[1]

A partir de impulsos colhidos em obras de Nietzsche, procurei considerar uma possibilidade de ultrapassamento do niilismo fundada na história e na experiência cultural do Brasil. Tomo como ponto de partida um prognóstico sociológico-literário que ajudou a cunhar a imagem do Brasil como um país da promessa. Numa célebre publicação de 1941, *Brasil, país do futuro*, Stefan Zweig escreveu as seguintes palavras (que ao longo dos anos permaneceram incrivelmente atuais):

> O Brasil, no sentido cultural, ainda hoje é uma *terra incognita* como, no sentido geográfico, o foi para os primeiros navegadores. Muitas vezes fiquei surpreso de ver que ideias confusas e deficientes que mesmo pessoas cultas e interessadas por coisas políticas possuem sobre esse país que, indubitavelmente, está destinado a ser um dos mais importantes fatores de desenvolvimento futuro do mundo.[2]

A percepção segundo a qual o Brasil era uma terra do futuro valia então, sobretudo, para os domínios da economia e da política. O mesmo prognóstico parece-me ter ainda relevante significação, portanto atualidade e importância, na esfera cultural. Precisamente em relação a essa dimensão de sentido, gostaria de aproveitar a oportunidade de formular uma reflexão a respeito da possibilidade de ultrapassamento do niilismo, feita a partir de uma inusitada perspectiva, que considera justamente este aspecto. Gostaria, primeiramente, de considerar a experiência que se pode derivar da formação, proveniência e sentido da cultura e da sociedade brasileira à luz da teoria da cultura de Nietzsche. Em seguida, e em estreita ligação com tais considerações, tentar responder à pergunta sobre se nelas poderíamos

---

[1] Este texto serviu de base para uma palestra proferida na Universidade de Nijmegen, Holanda, por ocasião da concessão do título de professor emérito ao dr. Paul van Tongeren, em dezembro de 2015.
[2] S. Zweig, *Brasil, país do futuro*, trad. bras. Odilon Galloti. São Paulo: Ed. Eletrônica Ridendo Castigat Mores, 2001, p. 13

colher, ou delas derivar, impulsos para um ultrapassamento do niilismo. Com vistas a esse propósito, permito-me começar estabelecendo uma ligação entre a teoria da cultura do jovem Nietzsche e a obra de um dos mais importantes antropólogos brasileiros contemporâneos, Darcy Ribeiro.

Inicio por uma observação de caráter geral:

> Poucos países juntaram, como o Brasil, tijolos e cimentos tão díspares em seu processo de constituição; poucos também experimentaram vicissitudes que mostram de forma tão clara os caminhos pelos quais uma nação pode constituir-se não para servir a si mesma, mas para atender a interesses alheios. Efetivamente, o Brasil não nasceu como etnia e se estruturou como nação em consequência de um desígnio de seus criadores. Surgiu, ao contrário, como uma espécie de subproduto indesejado de um empreendimento colonial, resultante da Revolução Mercantil, cujo propósito era produzir açúcar, ouro ou café, e, sobretudo, gerar lucros exportáveis. Desse empreendimento resultou ocasionalmente um povo e, mais tarde, uma nação. Esta emergiu da condição de feitoria colonial à de nação aspirante ao comando de seu destino, por força de um outro processo civilizatório de âmbito mundial – a Revolução Industrial – que a afetou reflexamente.[3]

De acordo com Darcy Ribeiro, a formação de uma genuína cultura brasileira pode ser designada como um lento e penoso processo, que, em grande parte, encontra-se ainda em marcha. Esse processo foi originalmente levado a efeito em virtude de três diferentes influências: a da cultura indígena, a da africana e a da europeia. Da fecunda combinação entre as sementes culturais dessas diferentes matrizes surgiram novas células civilizatórias, que se afastaram de suas raízes originárias para formar os alicerces rudimentares de uma nova etnia, com a qual toda a população de um país pode lentamente se identificar.

Por meio da multiplicação e desdobramento daquelas células culturais embrionárias e de seu entrelaçamento em complexas configurações, surge então um novo tecido cultural, cuja diferenciação parcial é devida à adaptação a circunstâncias, estados e condições contrastantes. Tais circunstâncais são, em primeira linha, as diferentes condições de enquadramento ecológico, o exercício especializado de diferentes atividades produtivas, a incorporação de novos elementos, que surgem espontaneamente dessas atividades ou são integrados a elas a partir de outros contextos socioculturais.

> Por essa razão é que, nas situações de aculturação, encontramos sempre culturas em cristalização representadas por protocélulas étnicas nas quais se fundem conteúdos das tradições culturais em confronto e novos elementos culturais

---

[3] D. Ribeiro, *Os brasileiros*. Livro I – *Teoria do Brasil*. Brasília: Editora UNB. Fundação Darcy Ribeiro, s/d., p. 23.

se criam. Numa segunda instância, estas protocélulas culturais passam a atuar como núcleos de aculturação, já então na forma de etnias embrionárias que amadurecerão, pouco a pouco, para a condição de etnias nacionais.[4]

Num de seus vários estudos antropológico-culturais, dedicado ao surgimento da cultura brasileria, Darcy Ribeiro sustenta que múltiplas forças diferenciadoras teriam produzido uma situação análoga à de um arquipélago cultural – se as forças de homogeneização e integração não tivessem, a todo tempo, produzido uma contra-atuação, no sentido da homogeneização e integração, reunindo as diferentes matrizes e suas variações no interior de um molde fundamental comum. Esse contramovimento homogeneizador foi um dos principais fatores que contribuíram para a organização da sociedade nascente segundo o modelo de um apêndice colonial, de conformidade com um enquadramento cultural lusófono.

> Os conceitos de cultura, aculturação, desculturação, de marginalidade, de defasagem e de alienação cultural, bem como os de cultura autêntica e cultura espúria, são instrumentos de trabalho indispensáveis à compreensão do processo pelo qual a sociedade e a cultura brasileira se vêm plasmando. No estudo desse processo se observa como as matrizes indígena, africana e europeia entraram em conjunção, no Brasil, para compor, através da interação de seus elementos, primeiro, algumas protocélulas novas porque já não correspondiam às matrizes originais e seus membros não se identificavam com elas. Depois, para crescer e diversificar-se pela multiplicação daquelas células, pela sua diferenciação por efeito da adaptação a ambientes ecológicos contrastantes; pela sua especialização no exercício de diferentes atividades produtivas; pela agregação de elementos novos devidos à sua própria criatividade, ou adotados de outros contextos culturais; e pela incorporação de novos contingentes humanos que lhes emprestam certos coloridos singulares.[5]

Trata-se, portanto, de impulsos contraditórios: por um lado, encontra-se a atuação conjunta de elementos oriundos da cultura indígena, africana e europeia, que tendem à atomização. Eles entram em combate uns contra os outros, impelindo a uma dissolução do frágil tecido social, portanto, àquilo que Ribeiro figurativa ou metaforicamente denomina de arquipélago cultural. Por outro lado, porém, atuam as instituições socioculturais europeias como princípio aglutinador e organizador, que institui e funda a ordem e a homogeneização entre as forças culturais em oposição.

Mas esse processo de formação foi do princípio ao fim produzido e conformado por uma vontade estrangeira, como um empreendimento colonial

---

[4] *Ibid.*, p. 83.
[5] *Ibid.*, p. 84.

gerado e equipado para colocar-se a serviço dos interesses e propósitos desta vontade estrangeira. Apesar disso, sobre o fundamento dessa potência de organização cresceu e se fortaleceu uma sociedade germinante, por meio de anexação integradora de elementos dispersos levados à unidade por um longo e permanente processo de dominação – que neles cunhou uma individualidade a partir de uma referência exterior, da qual foi preciso se desvincular.

> Entretanto, como a ruptura se dá através de um movimento de atualização histórica, só consegue desvincular-se do contexto anterior para converter-se numa formação neocolonial, inserida no sistema de dominação Capitalista-Industrial, como um dos proletariados externos de seus núcleos cêntricos. No curso dos dois processos civilizatórios,[6] a população brasileira experimenta certos progressos reflexos. Com o primeiro, gerado pela Revolução Mercantil, conhece a metalurgia, a navegação oceânica, o sistema de fazendas, a religião católica etc. Com o segundo, movido pela Revolução Industrial, passa a utilizar ferrovias, navios a vapor, o telégrafo, telefone, energia elétrica, veículos com motores a explosão etc. Mas só os experimenta na medida em que essas conquistas técnicas podiam contribuir para que exercesse melhor suas funções complementares: primeiro, de feitoria produtora de açúcar e de ouro; depois, de área de produção de algodão, café e alguns gêneros tropicais de exportação. Nos dois casos, estes progressos reflexos permitem conscrever sua população para o trabalho, viabilizar sua integração em sistemas econômicos mundiais; mas perpetuam sua condição de "proletariado externo" que não existia para si, mas para outrem.[7]

Por causa desse fator "espúrio", a cultura e a sociedade que se originam desse processo portam consigo inevitavelmente desde o nascimento as marcas da dependência e da alienação, pois, consideradas do ponto de vista histórico-cultural, foram criadas como uma espécie de representação ou filial para os interesses da metrópole, com a missão de, como um paradoxo, dar lugar à formação de um povo próprio. "Com isso, a sociedade e a cultura brasileira tornaram-se um fruto ultramarino de uma tradição cutural romanística muitas vezes transformada, que no Brasil foi modificada ainda outra vez, para dar seu lugar a uma nova etnia nacional. Esta surge, portanto, como produto de uma civilização agrária, comercial e urbana, que desde o seu primeiro núcleo larval valia como uma formação evolutiva superior às etnias tribais indígenas e africanas.

> O caráter espúrio da cultura brasileira decorre, como vimos, da própria natureza exógena da empresa que lhe deu nascimento como formação colonial escravista, organizada para prover o mercado europeu de certos produtos. Nessas condições, o

---

[6] Darcy Ribeiro se refere à Revolução Mercantil e à Revolução Industrial.
[7] D. Ribeiro, *Os brasileiros*, *op. cit.*, p. 57-58.

Brasil nasce e cresce como um proletariado externo das sociedades europeias, destinado a contribuir para o preenchimento das condições de sobrevivência, de conforto e de riqueza destas. A classe dominante brasileira, em consequência, é chamada a exercer, desde o início, o papel de uma camada gerencial de interesses estrangeiros, mais atenta para as exigências destes do que para as condições de existência da população nacional. Não constituía, por isso, um estrato senhorial e erudito de uma sociedade autônoma, mas uma representação local, alienada, de outra sociedade, cuja cultura buscava mimetizar. Sua função era induzir a população a atender aos requisitos de feitoria produtora de gêneros tropicais e geradora de lucros exportáveis, bem como a desempenhar, *in situ*, simulacros dos modos de vida europeus.[8]

Esse papel gerencial da classe dominante brasileira determina definitivamente o conjunto de suas funções como autodenominada classe dominante branca no Brasil: a função de criação de uma ordem no nível sociopolítico e o papel efetivamente dirigente como classe representante de interesses estrangeiros no campo das atividades econômicas produtivas. Ao fazê-lo, teve também de se responsabilizar pelas inovações tecnológicas e pela modernização dos métodos e meios de produção; por fim, a ela foi atribuído também, nesse processo de aculturação, um papel determinante como figura principal no âmbito do setor ideológico da sociedade nascente.

Em meio a uma população em larga medida mestiça, o cuidado principal da classe dominante branca (ou branca de acordo com sua autoatribuição), no domínio cultural, consistia em afirmar sua sabedoria por meio de um discurso racial euro ou anglocêntrico, e, como consequência (assim como no passado um comportamento parecia inglês ou francês), principalmente na academia, ocorre hoje de forma semelhante seguindo o padrão americano, que domina por toda parte. Com grande sucesso, a classe dominante brasileira imitava todos os tipos e modos correspondentes aos hábitos e costumes europeus e norte-americanos – como se devia morar, comer, educar, vestir, orar, casar e morrer. Apenas os fatores ecológicos e as configurações peculiares das relações interpessoais entre os diferentes estratos da sociedade brasileira os diferenciam como de tipo genuinamente brasileiro.

Poder-se-ia esperar que essa dependência cultural alienante por parte da classe dominante e educada da florescente sociedade brasileira fosse culturalmente equilibrada pelos estratos mais baixos e pobres da população. De acordo com Darcy Ribeiro, é justo afirmar que as assim chamadas camadas inferiores dessa população nativa, que foi e é constituída em grande parte por mestiços e mulatos, foi e continua sendo caracterizada por um

---

[8] *Ibid.*, p. 86.

poder criativo muito maior. No entanto, essa força criadora de cultura foi impregnada de conteúdo estrangeiro e, mesmo não vindo principalmente da Europa, enriqueceu-se no Brasil por influências importadas da Europa, reinterpretadas e finalmente estruturadas em referência a elas.

Assim, mesmo nas camadas pobres da população, emerge uma visão de mundo caracterizada por visões católico-cristãs, mas que também implantaram e enxertaram elementos de outras culturas. Tendo em vista especialmente as tradições oriundas da população de origem indígena e europeia, Darcy Ribeiro esboça um quadro sugestivo desse processo de aculturação e dependência:

> Só muito lentamente os sobreviventes daquelas sociedades avassaladas começaram a refazer-se reconstituindo seu montante populacional e retomando sua criatividade cultural traumatizada. Renascia, porém, na forma de protocélulas étnicas, de caráter espúrio, que se esforçavam por conciliar duas heranças culturais contrapostas. Eram embriões étnicos híbridos, por metade europeus (no tocante à estrutura social, às instituições religiosas e a algumas técnicas novas) e por metade indígenas (no referente às técnicas de provimento da subsistência, às crenças e a estilos artísticos). Nestes embriões étnicos é que se foram integrando os indígenas desgarrados de suas matrizes, os mestiços descendentes do cruzamento do invasor com a mulher índia e os europeus chegados mais tarde. Ressurgia, assim, como uma etnia distinta, tanto da hispânica quanto da autóctone. Mas ressurgia híbrida porque conduzindo em si parcelas das duas tradições e desafiada a fundi-las numa síntese significativa para toda a população. Nestas circunstâncias, uma sociedade nacional só podia emergir como resultado de um enorme esforço de criatividade cultural e de autoafirmação, retendo da tradição hispânica o que se tornara sua própria substância, redefinindo e integrando na cultura nova todos os valores originais suscetíveis de sobreviver e de operar como força integrativa.[9]

O mesmo processo de aculturação e "desculturação" acontece em relação aos povos africanos na formação da sociedade brasileira.

Ao longo do tempo, formou-se uma cultura comum, relativamente homogênea, composta no nível culto de clérigos, artistas e tipos afins, e no nível popular de ritos incorporados em um calendário comum de trabalho, lazer e atividades religiosas, celebrações populares e comunitárias, artigos de fé de diferentes origens. Tratava-se, portanto, de uma formação cultural apropriada para mistificar a exploração de classe e colonial. No entanto, segundo o antropólogo, a despeito de toda a sua estranheza e ingenuidade, essa formação não deixou de ser uma cultura integrada, porque uniu toda a população no culto de um mesmo cânone de valores e os conectou em uma variedade de ações comuns.

---

[9] *Ibid.*, pp. 37-38.

Trata-se, pois, de um trabalho de formação (uma *Bildung*) complexo e fluido, que ainda não alcançou uma configuração definitiva e está sempre em busca de sua *autenticidade*. De certo modo, porém, uma tal busca estaria inscrita na trajetória de formação da cultura de toda civilização, passada ou presente, que sempre é também uma busca pela autenticidade. Por isso, em nosso caso particular, uma parte inevitável da compreensão de nossa criatividade cultural é reconstituir as formas pelas quais essa autenticidade é buscada, junto com as coincidências que recaem sobre nós nesta busca.

> A imitação do estrangeiro não seria um mal em si, mesmo porque as transplantações culturais são inevitáveis e vêm associadas, frequentemente, a fatores de progresso. O mal residia e ainda reside na rejeição de tudo que era nacional e principalmente popular como sendo ruim, porque impregnado da subalternidade da terra tropical e da inferioridade dos povos de cor. Gerações de brasileiros foram alienadas por esta inautenticidade essencial de sua postura, que os tornava infelizes por serem tal qual eram e vexados pelos ancestrais que tiveram. Nestas circunstâncias, a alienação passou a ser a condição mesma desta classe dominante, inconformada com seu mundo atrasado, que só mediocremente conseguia imitar o estrangeiro, e cega para os valores de sua terra e de sua gente. O grave é que essa alienação, tornando a classe dominante incapaz de ver e compreender a sociedade em que vivia, a tornava também inapta para propor-se um projeto nacional de desenvolvimento autônomo.[10]

É justamente em relação a essa busca e esforço por alcançar algo que nos seja autenticamente próprio e genuíno que um diálogo com a filosofia da cultura de Nietzsche pode se atestar para nós como uma contribuição de grande importância, justamente nos efeitos de estranhamento, que, paradoxalmente, aproximam de nós alguns de seus elementos essenciais. Em sua *Segunda consideração extemporânea*, dedicada por ele a uma meditação a respeito das *Vantagens e desvantagens da História para a vida*, Nietzsche discernia com extraordinária acuidade e lucidez os perigos aos quais a cultura na Alemanha estava exposta no final do século XIX. Contra as sombras ameaçadoras de uma inundação por elementos estrangeiros, ele tomava os gregos como modelo de uma potência de criação, de uma força plasmadora capaz de instituir e fomentar uma cultura genuína e autêntica. Em minha opinião, encontramos aqui um modelo que conserva atualidade, pertinência e significação para a experiência cultural do Brasil.

> Houve séculos nos quais os gregos se encontravam num perigo semelhante àquele em que nós nos encontramos, a saber, de perecer na inundação pelo estranho e pelo passado, pela "história". Eles nunca viveram numa intocabilidade orgulhosa: sua

---

[10] *Ibid.*, pp. 87-88.

"formação" era, ao invés disso, por muito tempo um caos de formas e conceitos estrangeiros, semíticos, babilônicos, lídios, egípicios, e sua religião era uma verdadeira guerra dos deuses de todo o Oriente: mais ou menos analogamente a como hoje a "formação alemã" e sua religião é um caos, em si mesmo conflitante, de todo estrangeiro, de todo o tempo primordial. E apesar disso a cultura helênica não se tornou nenhum agregado, graças àquela senteça apolínea [conhece-te a ti mesmo, OGJ.]. Os gregos aprenderam, passo a passo, a *organizar o caos,* ao aplicar reflexivamente a si mesmo, isto é, às suas autênticas necessidades, e a deixar perecer as necessidades aparentes. Desse modo, eles se apropriaram novamente de si mesmos; não permaneceram mais como os cumulados herdeiros e epígonos de todo o Oriente; eles se tornaram mesmo, depois de uma pesada luta consigo mesmos, pela interpretação prática daquela sentença, os mais bem-aventurados enriquecedores e multiplicadores do tesouro herdado e as primícias e os modelos de todos os futuros povos de cultura.

Como brasileiros, compreendemos bastante bem esse diagnóstico cultural de Nietzsche: como tentei mostrar com base nos textos de Darcy Ribeiro, também a formação da sociedade e da cultura brasileiras pode ser designada como um caos de formas e conceitos estrangeiros; ela também é um campo de combate de elementos provenientes do exterior, campo minado por tendências que podem torná-lo apropriado à formação de um mero agregado, desprovido de um verdadeiro e autêntico si-próprio. Também nós temos de interpretar e aplicar a nós mesmos, portanto reflexivamente, no sentido de Nietzsche, o fator de coordenação, que herdamos das instituições socioculturais da Europa – de acordo com a sentença délfica e nietzschiana. Em relação a esse "conhece-te a ti mesmo", pode-se estabelecer com segurança: o Brasil *não é*; mas está em permanente devir, constantemente a ponto de se tornar um país.

A cultura brasileira abriga em si um caos de formas que se combatem, mas que também interagem e se cruzam, formando jogos complexos de oposição e alianças. Compreende-se, então, como para nós a busca por autenticidade se apresenta como destinamento. Como afirmado anteriormente, este não é um fardo especificamente brasileiro, pois, para dizê-lo com Darcy Ribeiro, toda cultura e toda civilização, do passado ou do presente, estão também empenhadas no mesmo esforço e aspiração, e um caminho para tanto pode ser aberto pela reconstituição das virtualidades presentes nas forças de engendramento e constituição dos modos de ser e formas culturais, aí incluindo os acasos felizes e infelizes aos quais estamos sempre expostos em tais buscas.[11]

No caso da cultura brasileira, para manter vivo e fecundo o próprio território histórico, os brasileiros têm de amanhar cuidadosamente este solo,

---

[11] Cf. D. Ribeiro, *Os brasileiros, op. cit.,* p. 146.

e cultivá-lo, ao invés de desertificá-lo, exauri-lo, e torná-lo infecundo por aridez. Nesta tarefa, seria indispensável prestar ouvidos à interpelação de Zaratustra: "Eu vos digo: a gente tem de ter ainda um caos em si, para poder dar à luz uma estrela bailarina. Eu vos digo: vós ainda tendes caos em vós".[12]

Essa é uma tarefa histórica para a elite cultural no Brasil: ajudar a dar à luz esta estrela dançante, na forma de um genuíno projeto de desenvolvimento cultural autônomo que unifique efetivamente seu povo, respeitando sua prodigiosa riqueza e diversidade. Até hoje este projeto ainda é um sonho e uma esperança, como reconheceu Stefan Zweig. Até que esse sonho se concretize, o protagonista do romance *Macunaíma*, escrito por Mário de Andrade na década de 1920, continua sendo a expressão insuperável de nossa situação histórica e destinação. Pois *Macunaíma* é, na verdade, *o herói sem nenhuma qualidade ou caráter*.

A propósito, e de acordo como próprio Mário de Andrade, foi na obra de um estrangeiro, do etnólogo alemão Koch-Grünberg, que o escritor modernista brasileiro, de modo paradoxal e muito antropofagicamente, anteviu a possibilidade de se aproximar do que se poderia designar ou conceber como uma "essência"do brasileiro. No esboço de um prefácio à obra *Macunaíma*, que nunca chegou a publicar com o livro, Mário de Andrade descreveu e refletiu sobre esta sua descoberta:

> O que me interessou por Macunaíma foi incontestavelmente a preocupação em que vivo de trabalhar e descobrir o mais que possa a entidade nacional dos brasileiros. Ora, depois de pelejar muito verifiquei uma coisa que me parece certa: o brasileiro não tem nenhum caráter. Pode ser que alguém já tenha falado isso antes de mim, porém a minha conclusão é uma novidade para mim porque tirada de minha experiência pessoal. E com a palavra caráter não determino apenas uma realidade moral, não, em vez entendo a entidade psíquica permanente, se manifestando por tudo, nos costumes na ação exterior no sentimento na língua na História na andadura, tanto no bem como no mal. O brasileiro não tem caráter porque não possui nem civilização própria nem consciência nacional. Os franceses têm caráter e assim os jorubas e os mexicanos. Seja porque civilização própria, perigo iminente ou consciência de séculos tenham auxiliado, o certo é que esses uns têm caráter. Brasileiro não. Está que nem o rapaz de vinte anos: a gente mais ou menos pode perceber tendências gerais, mas ainda não é tempo de afirmar coisa nenhuma [...] Pois quando matutava nessas coisas topei com Macunaíma no alemão de Koch-Grünberg. E *Macunaíma* é um herói surpreendentemente sem caráter. (Gozei).[13]

---

[12] F. Nietzsche, *Also Sprach Zarathustra. Vorrede* in: KSA. v. 4, p. 19.
[13] Trata-se de um texto planejado como prefácio para o romance *Macunaíma*, que Mario de Andrade, porém, não publicou juntamente com o livro. Apud D. A. de Castro e F. Barbosa, F. *Macunaíma*. Disponível em: <www.angelfire.com/mn/macunaima/. >

Ainda que tenha se tornado em grande medida prevalente, é falsa a lenda capciosa segundo a qual o caráter do brasileiro seria o de um povo cordial, ordeiro e pacífico, e não interiormente atormentado por forças conflitantes e concontradições explosivas. Na verdade, vigorosas contradições estão presentes na alma e no corpo do povo brasileiro; elas podem e têm de ser ainda transformadas e transfiguradas. Justamente nessa transformação e transfiguração consiste, de acordo com Nietzsche, a tarefa própria de uma cultura autêntica. Pois que outra coisa seria, então, cultura, se ela não fosse "uma tênue pelinha de maçã sobre um caos incandecente"?[14]

Legiões de antropólogos e teóricos da cultura estrangeiros propuseram a melhoria desta *physis* de cor escura por meio da eliminação e extinção das características misturadas de alguns de seus elementos. Nessas características, eles reconheciam um obstáculo, um fator causal do subdesenvolvimento do país. Um exemplo privilegiado desse diagnóstico pode ser encontrado no seguinte parecer antropológico de Hermann von Ihering:

> Os selvagens Caingans são um empecilho à colonização das regiões sertanejas em que habitam. Parece que não se pode recorrer a outro meio senão a sua erradicação. A conversão dos índios não produziu resultado satisfatório; os que se uniram aos imigrantes portugueses deixaram apenas uma influência nefasta no comportamento da população agrícola. É, na minha opinião, a razão pela qual o Estado de São Paulo tem sido forçado a introduzir milhares de imigrantes. Pois não se pode contar com o serviço dessa população indígena de forma efetiva e segura.[15]

Mas também antropólogos culturais brasileiros viram na mistura de elementos sociocuturais da Europa, África e América do Sul as características principais, o erro capital que caracteriza do modo mais pregnante a cultura brasileira: a crônica preguiça e indolência, a tendência ao anarquismo, a falta de força de coesão, a aversão à disciplina, que muito facilmente se combina com uma sensível inclinação ao prazer na dominação, com o autoritarismo, com a tirania, o que também muito contribui para a infância permanente dos brasileiros.

> Como quase tudo isso são defeitos, devemos convir que somos um caso feio, tamanhas seriam as carências de que padecemos. Seria assim? Temo muito que não. Muito pior para nós teria sido, talvez [...], o contrário de nossos defeitos, tais como o servilismo, a humildade, a rigidez, o espírito de ordem, o sentido de dever, o gosto pela rotina, a gravidade, a sisudez. Elas bem poderiam nos ser

---

[14] F. Nietzsche, Apontamento Inédito do inverno de 1883-1884, n. 9 [48]. In: KSA, v. 10, p. 362.
[15] H. von Ihering, "A anthropologia do estado de São Paulo" in: *Revista do Museu Paulista*, São Paulo, v. II, p. 215.

ainda mais nefastas porque nos teriam tirado a criatividade do aventureiro, a adaptabilidade de quem não é rígido mas flexível, a vitalidade de quem enfrenta, ousado, azares e fortunas, a originalidade dos indisciplinados.[16]

Caso levemos a sério a indicação dada por Nietzsche para retornar a nós mesmos, para nos apropriamos da herança legada por aquelas protocélulas de nossa cultura, podemos lidar com a nossa *physis* melhor do que por meio de eliminação, erradicação e extermínio. Podemos transformar as energias que se encontram também nos supostos erros e deficiências, convertê-los em fundamentos de predicados e características positivas. Justamente esse era o sentido da corrente artística brasileira que, em 1928, foi denominada *Antropofagia*: chegar a alcançar um autêntico relacionamento entre a arte e a cultura brasileira e estrangeira. Não, porém, no sentido de uma recusa de tudo o que provém do exterior, mas numa tentativa de assimilar tais elementos, elaborá-los e fecundá-los. Não se pensava em evitar e prescindir daquilo que era bom na cultura estrangeira, mas internalizar aquilo que efetivamente é digno de ser incorporado, metabolizá-lo.

Esse caminho para a criação de um povo e de uma cultura, que resulta da assimilação e elaboração de fatores contraditórios, não é, de modo algum, um *"Sonderweg"* brasileiro. Ele foi trilhado pela maioria das nações americanas e africanas. Ao nos aplicarmos reflexivamente a nós mesmos, ao meditarmos sobre nossos próprios modos de ser, sobre como lidar com os golpes do destino de nossa história, tornamo-nos também capazes de demonstrar maior tolerância em face das experiências de outras etnias. Esse aspecto é particularmente importante porque até agora

> as teorias explicativas do progresso e do atraso dos povos modernos no âmbito da civilização industrial se formularam com base, principalmente, no contexto europeu, que é precisamente o mais contrastante e o menos representativo. Nesse sentido, o estudo do Brasil – realizado à luz de um esquema conceitual ardentemente elaborado através da análise do processo de formação e dos problemas de desenvolvimento dos povos americanos – pode contribuir, provavelmente, para a compreensão de situações semelhantes.[17]

Também para boa parte da antropologia e sociologia brasileiras o subdesenvolvimento cultural do país é uma consequência direta e necessária dos "erros e deficiências originárias" na formação de nosso povo, associada ao

---

[16] D. Ribeiro, *O povo brasileiro: a formação e o sentido do Brasil*. São Paulo: Companhia das Letras: 1995, p. 451.
[17] D. Ribeiro, *Os brasileiros*, op. cit., p. 19.

seu atraso econômico. Daí deriva a conhecida tese falaciosa de que um país economicamente subdesenvolvido tem de ter forçosamente também uma cultura subdesenvolvida – tese que Haroldo de Campos refuta terminantemente tomando por base a literatura e seu desenvolvimento no Brasil.

> Ponto de cruzamento de discursos, diálogo necessário e não xenofobia monológica, paralelograma de forças em atrito dialético e não equação a uma incógnita mimético-pavloviana. Assim toda redução mecanicista, todo fatalismo autopunitivo, segundo o qual a um país não desenvolvido economicamente também deveria caber, por reflexo condicionado, uma literatura subdesenvolvida, sempre me pareceu uma falácia de sociologismo ingênuo.[18]

Contrariamente a esta tese, ao seu simplismo superficial e reducioniasta, o artista e filósofo da cultura Haroldo de Campos recorre justamente ao exemplo da *Antropofagia*, considerada por ele como expressão da capacidade e talento brasileiros para assimilar e elaborar criativamente, num sentido próprio, a herança dos valores culturais da civilização ocidental.

> Creio que, no Brasil, com a "Antopofagia" de Oswald de Andrade (retomada depois, em termos de cosmovisão filosófico-existencial, nos anos 1950 na tese *Crise da Filosofia Messiânica*), tivemos um sentido agudo dessa necessidade de pensar o nacional em relacionamento dialógico e dialético com o universal. A Antropofagia oswaldiana [...] é o pensamento da devoração crítica do legado cultural universal, elaborado não a partir da perspectiva submissa e reconciliada do "bom selvagem" (idealizado sob o modelo das virtudes europeias no Romantismo brasileiro de tipo nativista, em Gonçalves Dias e José de Alencar, por exemplo), mas segundo o ponto de vista desabusado do "mau selvagem", devorador de brancos, antropófago. Ele não envolve uma submissão (uma catequese), mas uma transculturação, melhor ainda, uma "transvaloração", uma visão crítica da história como função negativa (no sentido de Nietzsche), capaz tanto de apropriação como de expropriação, desierarquização, descontrução.[19]

Nesta era de uma aparentemente incontornável devastação de dimensões planetárias, que ameaça com a destruição de toda particularidade de uma cultura, nós brasileiros temos de nos aproximar de Nietzsche mais do que nunca. Temos de organizar nosso caos, por meio da reflexão sobre nossas autênticas necessidades e carências, e deixar de lado as necessidades puramente aparentes – isto é, a tirania daqueles interesses que são impostos sobre nós. Nesse sentido, o romance *Macunaíma*, de Mário de Andrade, pode se oferecer como um modelo privilegiado:

---

[18] H. Campos, "Da razão antropofágica. Diálogo e diferença na cultura brasileira" in: *Metalinguagem & outras metas*. São Paulo: Perspectiva, 2006, p. 233.
[19] Ibid., pp. 234-235.

Mário de Andrade, criando Macunaíma, o anti-herói nacional "sem nenhum caráter", denunciou, talvez subliminarmente (aqui vale dizer, no seu caso, "oswaldianamente"), a falácia logocêntrica que ronda todo nacionalismo ontológico; a busca macunaímica, vista desta perspectiva radical, *di-fere* (no duplo sentido derridiano de divergir e retardar) o momento talismânico da plenitude monológica; suspende a investidura dogmática do caráter uno e único que finalmente seria encontrado.[20]

Consequentemente, a expressão "sem nenhum caráter" não deve ser entendida como um *déficit*, como empecilho e defeito, como obstáculo a ser removido, falta ou perversão a ser corrigida, mas antes no sentido de um incessante movimento dialógico, cuja conclusão definitiva permanece sempre diferida. "Sem nenhum caráter" significa que o Brasil tem rostos plurais, como unidade de uma potência plástica que acolhe a multiplicidade sem abolir a diferença na abstração de uma identidade fixa e totalitária: somos a multiplicidade viva dos diferentes Brasis, como os chama Darcy Ribeiro: o Brasil sertanejo, o Brasil crioulo, o Brasil caboclo, o Brasil caipira e o Brasil sulino.

> A cultura brasileira não pode, porém, ser entendida em seu conjunto sem se atentar para as três ordens de diferenciação que experimentou: as temporais, correspondentes às suas distintas conformações históricas (colonial, neocolonial, nacional) e aos esforços sucessivos de integração nos processos civilizatórios que a afetaram (mercantil-salvacionista e imperialista-industrial); sociais, como subculturas correspondentes à estratificação em classes (senhorial, servil, popular); as regionais, concernentes às diferenças de adaptação ecológica que se plasmaram como distintas áreas culturais.[21]

Portanto, o caráter nacional não significa, em absoluto, um reflexo da mediocridade convencional, na qual nada é propriamente característico, e o patriotismo tem de recorrer a modelos de conciliação esgotados. Em relação a tais modelos sobreviventes, a dominação cutural da Europa tem de ser negada, num processo de devoração, no qual a *Antropofagia* é sobretudo *pólemos*, translação e transposição – ruminação e encorporação das virtudes europeias. Ao fazê-lo, ela devora os inimigos que considera corajosos, dos quais extrai a força viva para fortalecimento e renovação das próprias energias.

Nas pegadas de Nietzsche, tomamos consciência de que, para a Europa, o contexto histórico da modernidade cultural é trágico, condicionado pelo enredamento com os efeitos corrosivos do niilismo, que ocasionam a perempção radical das perspectivas de sentido e de valor, num processo ao longo do qual o europeu contemporâneo experimenta a aversão repulsiva

---

[20] *Ibid.*, p. 237.
[21] D. Ribeiro, *Os brasileiros, op. cit.*, p. 84.

em face da impostura e falsidade dos valores pretensamente absolutos nos quais outrora se depositaram sua confiança e esperanças. À sombra do niilismo, inverteu-se em seu contrário o horizonte de sentido em que se abrigava o pensamento euroetnocêntrico, com sua crença inabalável em fundamentos inconcussos, no valor absoluto e metafísico da verdade, sua fé no incondicionado transformou-se na suspeita fanática de que "tudo é falso".

Segundo Nietzsche, disso resulta uma impossibilidade de estimar aprovativamente e acolher aquilo que hoje conhecemos, assim como de continuar a apreciar e admitir aquilo com que gostaríamos de continuar a nos iludir. Portanto, de acordo com Nietzsche, esta condição gera um processo de dissolução[22] que, no final do século XIX, ainda se insinuava como sombra a se espalhar sobre toda a Europa. Em razão disso, as virtudes da Europa já se encontravam em rota de migração e transmutação:

> Fora da Europa, as virtudes da Europa estarão pelo mundo [...]. E aquilo que no interior da pátria começava a degenerar em perigoso desânimo e tendência criminosa, no exterior ganhará uma bela naturalidade selvagem e se chamará heroísmo. – Desse modo chegaria finalmente um ar mais limpo à velha, agora superpovoada e cismadora Europa![23]

Neste momento sério e dramático da história de sua cultura e de sua política, não seria possível que a Europa se visse hoje também – como no passado descrito por Nietzsche – confrontada com desafios semelhantes àqueles que outrora estiveram presentes em sua origem? Não seria então uma tarefa urgente para o sentido histórico – esta virtude genuinamente europeia – tomar posse novamente de si mesma?

> Aqui, onde os termos "moderno" e "europeu" são usados quase de forma idêntica, entende, então, que a Europa significa muito mais em termos de extensões de países do que a Europa geográfica, a pequena península da Ásia, inclui: a América especificamente pertence a ela, na medida em que é o país filho da nossa cultura. Por outro lado, nem mesmo toda a Europa se enquadra no termo cultural "Europa"; mas apenas todos aqueles povos e partes de povos que têm seu passado comum na cultura grega, romana, judaica e cristã.

---

[22] Verificar a este respeito o Fragmento Póstumo n. 71 in: F. Nietzsche, *Sämtliche Werke. Kritische Studienausgabe* (KSA). Org. G. Colli e M. Montinari. Berlim; Nova York; Munique: de Gruyter; DTV, 1980. v. 12, p. 212.

[23] F. Nietzsche, *Aurora*, 206, trad. bras. Paulo César de Souza. São Paulo: Companhia das Letras, 2004, p. 114.

Os europeus, escreve Nietzsche, "são, eles mesmos, uma espécie de Caos";[24] mas nisso o sentido histórico – assim como o espírito – também vê suas vantagens.

Se o niilismo pode ser entendido como o

> perigo dos perigos e a consequência necessária de nossas estimativas de valor de até hoje;[25] se o niilismo porta em si o perigo de que *faltem* novas forças interpretativas, seu desenvolvimento permite perceber que os mais fortes se demonstrarão como aqueles que não têm necessidade de extremados artigos de fé, como aqueles que não apenas admitem, mas também amam uma boa parte de acaso e absurdo; aqueles capazes de pensar o homem com uma significativa moderação de seu valor, sem tornar-se com isso pequenos e fracos.[26]

Estes moderados e comedidos estarão, então, em condições de vestir *macunaimicamente* a carapuça de pícaro, para poderem novamente dançar e rir mesmo à beira de abismos – e isso a modo de Nietzsche, ou seja, de maneira dionisíaca.

Já a partir de seu início, o niilismo nublara a aurora deste novo e triste século XXI. Por isso assumimos hoje a tarefa de retomar as palavras e o questionamento de Nietzsche: a que podemos nos apegar com todas as nossas esperanças? No aforismo 203 de *Além do bem e do mal*, tendo em vista o fantasma do niilismo europeu, Nietzsche respondeu a essa pergunta acerca de nosso apego e nossas esperanças: em novos filósofos é que teríamos de depositá-las. Mas não nos seria permitido ousar uma complementação para esta resposta? Em caso afirmativo, poderíamos, então, acrescentar: nossa meta não seria buscar, com nossas mais intensas esperanças, novas forças interpretativas, forças de transformação e transfiguração, forças que poderiam dar forma e sentido a um suplemento de resposta? Do caos de forças que ainda sentimos profuso, vigoroso e transbordante em nós bem que poderia brotar aquela estrela dançante a que se referiu Zaratustra – e, a seu modo, também Macunaíma.

E onde poderiam ser encontradas hoje estas novas forças de interpretação e transfiguração? Justamente onde abundam as fecundas contradições, onde fluem em abundância correntes de força capazes de prover novas interpretações, novas direções, novas constelações, onde ainda pulsa e vigora o caos capaz de dar à luz uma estrela bailarina. Esta típica

---

[24] Id., "Jenseits von Gut und Böse"224, KSA, Band 5, p. 158.
[25] Id., "Apontamento inédito do outono de 1885", outono de 1886, n. 2 [100], KSA. v. 12, p. 109. Cf. também 5 [71], id., p. 211.
[26] Ibid.

criação da cultura nos remete a um rincão da terra no qual ainda se poderia encontrar o clima adequado para aquela *limpidezza* do ar, tão anelada por Nietzsche. Nela vem à luz "uma outra sensualidade, uma outra sensibilidade, uma outra serena alegria. [...] Em todo aspecto o clima muda [...] sua alegria é africana".[27] Numa criação como esta fala, pois, segundo Nietzsche, uma outra sensibilidade, aquela sensualidade meridional, morena, doce e bronzeada – uma jovialidade lasciva, africana... É muito bem possível que nessa atmosfera as sementes de uma cultura no sentido de Nietzsche ainda possam germinar e florescer.

Indícios desse florescimento possível podem também ser encontrados na expressiva obra de outro antropólogo brasileiro, a saber, Eduardo Viveiros de Castro, no modo como seu perspectivismo considera em plano isonômico, como efetivos parceiros de fala, as populações indígenas originárias da América do Sul. Nesse sentido, o perspectivismo ameríndio de Viveiros de Castro, que analisa com profunda acuidade a cosmologia perspectivista dos índios brasileiros da região amazônica, exibe importantes pontos de confluência com o perspectivismo nietzschiano. Também à vista da etnografia de Viveiros de Castro, o pensamento de Nietzsche pode nos servir de inspiração para que possamos nos reapropriar da seiva cultural da tradição ameríndia, adquirindo a capacidade de acolher e transformar as fontes transbordantes de diversas e por vezes selvagens forças etnológicas em poderes interpretativos e de criação.

A cultura é a natureza do sujeito, escreve Eduardo Viveiros de Castro. Se esta frase, que sem dúvida lembra a teoria da cultura de Nietzsche, tem um significado verdadeiro, então poderíamos também esperar que se abrisse com ela uma nova possibilidade de se tornar um sujeito, uma possível alternativa para escapar do niilismo – uma perspectiva situada no extremo oposto daqueles fenômenos que, como o fundamentalismo de hoje, são apenas camuflagens, formas disfarçadas de niilismo.

Para concluir, destaco que na cultura ameríndia estudada por Viveiros de Castro, verifica-se uma produção social do corpo, de importância fundamental em sua religiosidade e cosmologia. Exatamente como em Nietzsche, o corpo adquire uma dignidade ontológica que exige a abdicação dos irracionais entusiasmos metafísicos a respeito da "alma" tal como a entendeu a tradição da história da filosofia ocidental. Esta coincidência pode ser in-

---

[27] F. Nietzsche, *O caso Wagner. Um problema para músicos* § 2. Trad. bras. Paulo César de Souza. São Paulo: Companhia das Letras, 2016, p. 12.

terpretada como um precioso um fio que liga a alma dos índios brasileiros ao âmago da filosofia cultural de Nietzsche, fazendo com que possam se comunicar produtivamente. E tal cruzamento não poderia frutificar? Não se poderia nutrir a esperança de uma floração maravilhosa daí resultante, cuja colheita seria uma possível alternativa para escapar do niilismo?

**Bibliografia**

CAMPOS, H. *Metalinguagem & outras metas.* São Paulo: Perspectiva, 2006.

IHERING, H. von. "A anthropologia do estado de São Paulo", *Revista do Museu Paulista*, São Paulo, v. II, p. 215.

NIETZSCHE, F. *Sämtliche Werke. Kritische Studienausgabe* (KSA). Org. G. Colli e M. Montinari. Berlim; Nova York; Munique: De Gruyter; DTV, 1980a.

_____. "Menschliches Allzumenschliches II, Der Wanderer und sein Schatten" in: *Kritische Studienausgabe* (KSA), Band II, 1980b.

_____. "Jenseits von Gut und Böse" 225, in: *Kritische Studienausgabe* (KSA), 1980c.

_____. "Fragmentos póstumos 1885-1887" in: *Kritische Studienausgabe* (KSA), (1980 d).

_____. *Aurora*, trad. bras. Paulo César de Souza. São Paulo: Companhia das Letras, 2004.

RIBEIRO, D. *Os brasileiros.* 1. *Teoria do Brasil.* Brasília: Editora UNB. Fundação Darcy Ribeiro, s/d.

_____. *O povo brasileiro. A formação e o sentido do Brasil.* São Paulo: Companhia das Letras, 1995.

# 3 |
# A catástrofe dos ideais ascéticos: ciência, ascetismo e niilismo em *GM III*, 27

Entre os meses de agosto e setembro de 1885, Nietzsche registrou em seus cadernos de notas um apontamento no qual estabelecia uma relação problemática entre a própria filosofia e a filosofia indiana. Relação tão curiosa e pouco explicitada quanto os parêntesis introduzidos no parágrafo 27 da terceira dissertação de *Para a genealogia da moral*, que fornece o ponto de partida para as reflexões que a seguir apresento. Naquele apontamento lê-se:

> No fundo, o que faz toda *Filosofia* mais recente? Aberta ou veladamente, ela pratica um atentado contra o antigo conceito de alma – quer dizer, o fundamento do Cristianismo, o "Eu": ela é anticristã no sentido mais refinado. Alvorece (*es dämmert*) a possibilidade de uma existência aparente (*Scheinexistenz*) do "sujeito": um pensamento que já existiu uma vez na terra na Filosofia Vedanta. Caso se queira uma nova expressão para isso, ainda que muito provisória, que se leia *O nascimento da tragédia*.[1]

Este apontamento constitui, por sua vez, um esboço preparatório do aforismo 54 de *Além do bem e do mal*, no qual lemos:

> Desde Descartes – e antes apesar dele do que a partir de seu precedente – todos os filósofos têm feito um atentado contra o velho conceito de alma, sob a aparência de uma crítica ao conceito de sujeito e predicado – ou seja: um atentado contra o pressuposto fundamental da doutrina cristã. A filosofia moderna, sendo um ceticismo epistemológico, é, abertamente ou não, *anticristã*: embora, diga-se para ouvidos mais sutis, de maneira nenhuma antirreligiosa.[2]

O ceticismo epistemológico da assim chamada filosofia mais recente tem como alvo crítico o fundamento da metafísica subjetivamente centrada:

---

[1] F. Nietzsche, *Apontamento inédito* n. 40 [16], agosto-setembro de 1885 in: G. Colli e M. Montinari (orgs.). *Sämtliche Werke. Kritische Studienausgabe* (KSA). Berlim; Nova York; Munique: de Gruyter; DTV, 1980. v. 1 , p. 635s.
[2] Id., *Além do bem e do mal*, § 54. Trad. bras. Paulo César de Souza. São Paulo: Companhia das Letras, 2005, p. 53.

a "alma" como unidade da consciência e autoidentidade, sinônimo de intelecto, mente, espírito e razão. Antigamente acreditava-se na "alma", escreve Nietzsche, *porque* acreditava-se em sujeito e predicado, por conseguinte, porque tinha-se fé na gramática, no "eu" (na "alma") como condição e no "penso" como condicionado. *Pois* considerava-se o pensar como uma atividade que exige um sujeito para ser compreendida, para a qual um sujeito *tem de ser* pensado como causa. Em outras palavras, procedia-se à identificação entre o sujeito gramatical (o suporte da predicação) e o *subjectum* como fundamento ontológico (*substantia*).

Contemporaneamente,

> tentou-se, então, com tenacidade e astúcia dignas de admiração, enxergar uma saída nessa teia – se não seria verdadeiro talvez o contrário: "penso", condição; "eu", condicionado; "eu" sendo uma síntese, *feita* pelo próprio pensar. *Kant* queria demonstrar, no fundo, que a partir do sujeito o sujeito não pode ser pensado – e tampouco o objeto: a possibilidade de uma *existência aparente* do sujeito, da "alma" pode não lhe ter sido estranha, pensamento este que, como filosofia vedanta, já houve uma vez na terra, com imenso poder.[3]

Insisto no emprego dos termos alma e "eu" como *subjectum* porque foram expressamente tomadas nesta acepção no início da modernidade filosófica, tal como podemos constatar na segunda das meditações metafísicas de Descartes: "Nada sou, pois, falando precisamente, senão uma coisa que pensa, isto é, um espírito, um entendimento, ou uma razão, que são termos cuja significação me era anteriormente desconhecida".[4]

Ao estabelecer uma ligação entre o ceticismo epistemológico contemporâneo, por um lado, com sua crítica às noções de alma, de sujeito e de "Eu", e a filosofia Vedanta, por outro lado, Nietzsche insere sua reflexão numa moldura de pensamento genealógico que integra a história da filosofia ocidental-europeia no horizonte mais amplo de uma *Kulturgeschichte*, ou mesmo de uma *Weltgeschichte*. No ponto de ancoragem desta interpretação compreensiva, Nietzsche detecta não apenas linhas de tradição que aderem a "restos" ou resíduos originários, mas principalmente estruturas lógicas e gramaticais – um travejamento de funções linguísticas que delineia e induz caminhos do pensamento.

---

[3] *Ibid.*
[4] R. Descartes, *Meditações concernentes à filosofia primeira*. Meditação Segunda, trad. bras. J. Guinsburg e Bento Prado Jr. Coleção Os Pensadores. 3. ed. São Paulo: Abril Cultural, 1983, p. 94. R. Descartes, "*Les Meditations* Metaphysiques" in: E. Charles Adam e Paul Tannery (orgs.), *Oeuvres de Descartes*. Paris: Vrin, 1964-1974, v. VII, p. 22.

Um exame apropriado desse conjunto de estruturas e funções torna possível a reconstituição de uma *gênese psicológica do ideal* – mais especificamente do *ascético*, uma história de sua proveniência e de seus avatares.

> O que queria a filosofia antiga? O que [queria, ogj.] Buda? – E o que se oculta por detrás desta vontade? Gênese psicológica dos ideais de até agora: o que eles propriamente significam? Crítica das metas humanas. O que queria a filosofia antiga? O que queria o Cristianismo? O que queria a Filosofia-Vedanta? O que queria Buda? – E o que se coloca por trás desta vontade?[5]

Não é por acaso, portanto, que *Além do bem e do mal* trata das afinidades filosóficas de família entre a Grécia e a Índia – uma analogia estrutural explicada pela atuação inconsciente exercida sobre o pensamento pela mesma estrutura lógico-gramatical, derivada de uma matriz linguística comum. Filosofia contemporânea europeia e filosofia hindu percorrem, então, caminhos congruentes. Essa perspectiva, aliás, repete-se também num dos mais importantes contextos da crítica nietzschiana da cultura, numa passagem de valor estratégico, inserida no prefácio de *A genealogia da moral*. Também não é por mera coincidência que a referida passagem tematiza a ascensão do niilismo.

No texto em questão, a figura de Schopenhauer, com sua glorificação filosófica da compaixão, adquire para Nietzsche um significado histórico-cultural particularmente relevante. Nela, Nietzsche diagnostica um

> grande perigo para a humanidade, sua mais sublime sedução e tentação – a quê? ao nada? –; precisamente nisso enxerguei o começo do fim, o ponto morto, o cansaço que olha para trás, a vontade que se volta contra a vida, a última doença anunciando-se terna e melancólica: eu compreendi a moral da compaixão, cada vez mais se alastrando, capturando e tornando doentes até mesmo os filósofos, como o mais inquietante sintoma dessa nossa inquietante cultura europeia; como o seu caminho sinuoso em direção a um novo budismo? A um budismo europeu? A um – niilismo?[6]

Como pensar esse novo Budismo – um Budismo europeu – enquanto sintoma do niilismo? Por que interpretá-lo, tomando como fio condutor o sistema filosófico de Schopenhauer? Tal como reconhece Werner Stegmaier, a partir do ponto extremo do desenvolvimento da filosofia ocidental – e, por conseguinte, no ápice crítico da filosofia subjetivamente centrada –, é o

---

[5] F. Nietzsche, "Fragmento inédito" n. 7 [35], fim de 1886 – primavera de 1887 in: G. Colli e M. Montinari (orgs.), *Sämtliche Werke. Kritische Studienausgabe* (ksa). Berlim; Nova York; Munique: de Gruyter; dtv, 1980. v. 12, p. 307.
[6] *Id., Genealogia da moral.* Prefácio, 5, trad. bras. Paulo César de Souza. São Paulo: Companhia das Letras, 1998, p. 11 s.

próprio Schopenhauer, como representante do movimento de acabamento do idealismo alemão, quem lança uma ponte vinculando esta tradição filosófica com a cultura oriental, em particular com uma linha que leva do Bramanismo à filosofia Vedanta e desta ao Budismo.

Com efeito, já no prefácio à primeira edição de O *mundo como vontade e representação*, Schopenhauer destaca a afinidade entre sua filosofia e a tradição hindu, e em particular com o Bramanismo e o Budismo, indicando que o tripé formado por Kant, Platão e o pensamento dos Vedas constitui a melhor preparação para o entendimento de seu próprio sistema.[7] No entanto, a despeito desta valorização positiva, Schopenhauer mantém o entendimento de acordo com o qual a filosofia e a religião – embora tendo o mesmo conteúdo – constituem duas esferas distintas de apreensão da verdade: na religião, a verdade se expressa *sensu alegorico*, enquanto a filosofia promove sua exposição conceitual. Sua consequência última e supremo coroamento ético consiste, para Schopenhauer, no entanto, na autonegação da vontade de viver, que, no léxico nietzchiano, traduz-se por *"Wille zum Nichts"*, niilismo.

> A ciência e a filosofia, com sua postura crítica fundamental, "despiram" o ideal ascético de "toda sua roupagem exterior" (*alles Aussenwerk*), de modo que este foi finalmente reduzido a um "*resto*". Neste resto torna-se então visível seu "*cerne*", e, a partir deste cerne, ele se torna compreensível em sua totalidade. De acordo com Nietzsche, este cerne, "o incondicional, honesto ateísmo", para o qual adiantou-se Schopenhauer, neste caso ainda com a consequência do niilismo, da "vontade de nada". O próprio Schopenhauer lançou a ponte para o Budismo.[8]

Em ambos os casos a marcha do desenvolvimento cultural conduziria a um desfecho análogo: o processo que leva do Bramanismo ao Budismo, como elo final de um desenvolvimento espiritual, sendo a filosofia Sânkia (popularizada por Buda, segundo Nietzsche) o elemento de mediação que ressignifica a ascese e elimina a hipótese de um Deus como fundamento último da religião, da moralidade e da metafísica. No paralelo traçado por Nietzsche – cujo desdobramento teria se iniciado cerca de cinco séculos mais tarde –, na tradição cristã a autossupressão ocidental do ideal ascético conduziria a um ateísmo intransigente, como exigência da probidade intelectual da moderna consciência científica (virtude restante do europeu moderno, de que

---

[7] A. Schopenhauer, *O mundo como vontade e representação*, I. Prefácio à Primeira Edição, trad. bras. Jair Lopes Barbosa. 2. ed. São Paulo: Ed. Unesp, 2015, p. xxix.
[8] W. Stegmaier, *Nietzsches 'Genealogie der Moral'*. Darmstadt: Wissenschaftliche Buchgesellschaft (BWG), 1994, p. 206.

Arthur Schopenhauer é um signo); portanto, conclusão lógica de uma *démarche* que conduz à autossupressão (*Selbstaufhebung*) da crença na sacralidade da verdade, entendida como valor absoluto e exigência incondicional.

A hipótese nietzschiana de um Budismo europeu subverte por completo, então, a interpretação do Budismo por Schopenhauer, uma vez que Nietzsche o interpreta como sintoma de um movimento espiritual que já se teria realizado historicamente na Índia cinco séculos antes da era cristã. Mas de modo algum como alegoria ou prefiguração do que viria a se manifestar conceitualmente como verdade na filosofia ocidental, em particular no sistema do pensamento único. Recorrendo à metáfora de um Budismo europeu, Nietzsche subverte a arquitetura filosófica montada por Schopenhauer com seu sistema de pensamento.

À luz de tais considerações, o parêntesis inserido no meio do parágrafo 27 da terceira dissertação de *Genealogia da moral* adquire um peso filosófico mais pronunciado, e exige uma atenção hermenêutica mais concentrada. Em primeiro lugar, porque a anunciada gênese psicológica do ideal inscreve-se na chave hermenêutica da *repetição*. A reconstituição desta gênese mostra que nela se *repete* um acontecimento produzido na Índia cinco séculos antes de Cristo, desembocando numa experiência histórica e cultural de dissolução, ou seja, de niilismo – num processo análogo ao que começa a se desdobrar na Europa do século XIX.

> Nietzsche retoma, de fato, a tese de um importante livro de Hermann Oldenberg, uma pesquisa que tenta demonstrar como a doutrina de Buda surge "completamente sobre o terreno da precedente filosofia bramânica". Já em textos védicos compostos, segundo Oldenberg, entre o nono e o sétimo século a.C., a "especulação" bramânica afirma a ideia de uma unidade cósmica estranha ao "mundo da dor e da caducidade": a partir dessa época, na qual manifestam-se as primeiras formas de vida monástica baseadas sobre a renúncia ao mundo e às suas ilusões, "a evolução histórica conduz diretamente a Buda, que abandona os familiares e bens, e aspira à libertação, peregrinando, com sua veste amarela, sem mais pátria". Por volta do sétimo século a.C., realiza-se o "processo de autodestruição" da velha fé: divindades como Agni, Indra e Varuna parecem desmoronar, enquanto perfila-se lentamente a ideia da eterna unidade (Brahma, Átman) "na qual toda diferença desaparece".[9]

---

[9] A. Orsucci, *Genealogia della Morale. Introduzione alla Lettura*. Roma: Carocci editore, 2001, p. 194.

Em segundo lugar, porque a reconstituição desse processo prepara a resposta para a pergunta nuclear da terceira dissertação de *Para a genealogia da moral*: a saber, *o que significam os ideais ascéticos*. A questão, essencialmente hermenêutica, situa-se, portanto, no plano formado pela imbricação entre religião, filosofia, ciência, ascetismo e niilismo. Sabemos que os ideais ascéticos podem significar algo muito diferente para diferentes pessoas, figuras ou tipos humanos. Eles não significam a mesma coisa para artistas, sacerdotes, cientistas, políticos e filósofos.

> Porém, no fato de o ideal ascético ter significado tanto para todos eles, para o homem, enquanto tal, expressa-se o dado fundamental da vontade humana, seu *horror vacui*: o existir humano precisa de um objetivo – de modo que o homem preferirá ainda querer o Nada a nada querer.[10]

Porém o que *significa* querer o Nada? O sentido aqui presente é que o ideal, qualquer ideal – mesmo o Nada como ideal –, é melhor do que nenhum ideal, pois o ideal é a realização da perspectiva existencial de sentido para a vida humana. Sendo assim, o dado fundamental da vontade humana constitui também, nas palavras de Nietzsche, não apenas um, mas *o* problema; mais precisamente, constitui o "**nosso problema**", aquele da significação (*Bedeutung*), tal como explicitamente formulado no parágrafo 27 da terceira dissertação de *Genealogia da moral*.

Trata-se aqui de uma pretensão semântica que atravessa milênios, cuja perspectiva nada tem a ver com considerações visando apenas ao "ontem e o hoje", como escreve Nietzsche no início do parágrafo 27 de GM III; uma questão digna de um autêntico filósofo, do qual se espera – enquanto má consciência de seu tempo – que seja capaz precisamente de superar em si seu próprio tempo, de tornar-se "*zeitlos*" (desligado do tempo) – e é para a realização desta tarefa que ele tem de mobilizar também o que há de melhor no saber de seu tempo.

A exigência incondicional de veracidade constitui, então, uma das variáveis na equação formada pelo "*nosso*" problema, pois ela é a contraface da moderna consciência científica, sua forma de moralidade. Uma variante do absoluto, nascida da oposição entre fé e saber, entre ciência e convicção, verdade e mentira, no conflito dos ideais, no *aparente* antagonismo entre o ideal das ciências e os ideais ascéticos, portanto, entre cientificidade, ateísmo e a crença em Deus.

---

[10] F. Nietzsche, *Genealogia da moral*. III, 1, trad. bras. Paulo César de Souza. São Paulo: Companhia das Letras, 1998, p. 87s.

A gravidade desse questionamento vem à luz – por desfiguração – na leviandade com que a ciência contemporânea lida com os ideais ascéticos. Mas ausência de rigor no enfrentamento do problema é prova tanto da inépcia quanto do tributo que a cientificidade moderna deve ao ideal ascético. Justamente por ser caudatária deste ideal, ela revela, por distorção, o que há de seriedade no gesto de tomá-lo sob escrutínio crítico, na transformação do ideal em problema, por meio da pergunta por seu sentido e significação.

Este aspecto é posto em relevo por Nietzsche com precisão cirúrgica, com o propósito de desfazer o núcleo e o ensejo de uma nefasta confusão: o *quid pro quo* existente entre os verdadeiros representantes do ideal ascético e suas contrafações, seus simulacros. "O que me interessa deixar aqui indicado é isto: também na esfera mais espiritual o ideal ascético continua encontrando, no momento, apenas *um* tipo de inimigo verdadeiro capaz de prejudicá-lo: os comediantes desse ideal – porque despertam desconfiança."[11] Com a figura dos comediantes do ideal, Nietzsche desenvolve uma significativa alegoria da modernidade cultural.

Pois a modernidade cultural e política pode ser compreendida como uma gigantesca sociedade de atores, personagens de espetáculo em grande escala, cujo patrono e protótipo seria Richard Wagner – para Nietzsche, um comediante do ideal *par excellence*. Justamente em virtude dessa condição, Wagner proporciona um resumo da modernidade, sendo, ao mesmo tempo, o mais valioso guia no percurso pelos labirintos da alma moderna.

> Por meio de Wagner, a modernidade fala sua mais íntima linguagem: ela não oculta nem seu bem, nem seu mal, ela desaprendeu toda vergonha. E inversamente: fizemos quase um cálculo sobre o valor do moderno, quando temos clareza sobre o bem e o mal em Wagner.[12]

Esclarecer-se sobre o significado de Wagner é fundamental, pois ele é o artista dos ideais ascéticos, sua encenação, o correspondente estético do gênio metafísico schopenhaueriano; portanto, sua encarnação na esfera mais espiritual: *"die geistigste Sphäre"*.

É no âmbito das esferas superiores da cultura – religião, arte, filosofia, ciência, moralidade – que se coloca propriamente a questão do sentido do ideal ascético. E o problema só pode assumir toda a sua gravidade no contraste com os tipos que encenam a caricatura do ideal ascético, seus comediantes.

---

[11] Id., *Genealogia da moral* III, 27, trad. bras. Paulo César de Souza. São Paulo: Companhia das Letras, 1998, pp. 146-147.
[12] Id., "Der Fall Wagner. Vorwort". O caso Wagner. Prefácio, KSA, 6, p. 11.

Richard Wagner e o historicismo (ou a pretensão de cientificidade da historiografia [*Geschichtsschreibung*] ou "ciência histórica" do final do século XIX) são instanciações ou exemplos privilegiados da comédia. Nos dois casos, assim como naquele da filosofia de Schopenhauer, encontramos o mesmo fenômeno: laicização da seiva ética da religião, a saber, a potência do ideal ascético em plena atividade, porém oculto, denegado, camuflado, inconsciente de si.

Esta é a pedra de toque a revelar que a autêntica seriedade do ateísmo honesto é senão o último rebento, e, portanto, um herdeiro gerado e nutrido no mesmo elemento da ascese, fruto da semente (*Kern*) daquele mesmo ideal; é sua conclusão derradeira e sua catástrofe – esta última palavra a ser tomada na acepção etimológica que possui na tragédia grega: reviravolta, reflexão, afloramento do sentido oculto, da verdade jacente no desdobramento de um processo, confluência de princípio e finalização.

> Em toda outra parte onde o espírito esteja em ação, com força e rigor, e sem falseamentos, ele dispensa por completo o ideal – a expressão popular para essa abstinência é "ateísmo": *excetuada a sua vontade de verdade*. Mas essa vontade, esse *resto* de ideal, é, se me acreditam, esse ideal mesmo em sua formulação mais estrita e mais espiritual, esotérico ao fim e ao cabo, despojado de todo acréscimo, e assim não tanto resto quanto *âmago* (*Kern*). O ateísmo incondicional e reto (e somente *seu* ar é o que respiramos, nós, os homens mais espirituais dessa época!) não está, portanto, em oposição a esse ideal, como parece à primeira vista; é, isto sim, uma das últimas fases do seu desenvolvimento, uma de suas formas finais e consequências internas – é a apavorante *catástrofe* de uma educação para a verdade que dura dois milênios, que por fim se proíbe *a mentira de crer em Deus*.[13]

Sob esta perspectiva, pois, a figura do ateísmo probo é o resto e o cerne dos ideais ascéticos, uma formação histórica cujo *Triebfeder* (móbile) é a veracidade incondicional. Trata-se, pois, de um devotamento à verdade que pode enfim prescindir de sua sacralização pela ideia de Deus – e nisto atesta-se um elo com o Budismo: o resultado religioso-moral de uma longa tradição erudita, espiritual e ascética que, ao final, proíbe-se a crença num Deus.

Este é o núcleo temático do parêntesis inserido no ducto argumentativo do parágrafo 27 de GM:

---

[13] Id., *Genealogia da moral*. III, 27, trad. bras. Paulo César de Souza. São Paulo: Companhia das Letras, 1998, p. 146s.

> (O mesmo desenvolvimento na Índia, em completa independência e por isso com algum valor de prova; o mesmo ideal levando ao mesmo fim; o ponto decisivo alcançado cinco séculos antes do calendário europeu, com Buda; mais precisamente, com a filosofia Sankhya, em seguida popularizada por Buda e transformada em religião.)[14]

Nietzsche descreve uma analogia estrutural – ou mesmo uma invariância – na lógica do desenvolvimento da cultura ocidental e naquela da cultura oriental, identidade que vem à luz nos desdobramentos históricos do hinduísmo (a filosofia Sankhya e Buda) e do Cristianismo (os destinos da veracidade e moralidade cristãs), conduzindo à idêntica catástrofe, ou seja, à autossupressão (*Selbstaufhebung*) do ideal.

> Também ao acenar para o Budismo, Nietzsche se esforça por precisar, ainda que com grande concisão, um terreno genético mais amplo. Na *Genealogia*, a obra de Buda torna-se um outro "cadinho" no qual um novo anúncio religioso adquire força, como no caso do Cristianismo das origens, aderindo a "resíduos" e tradições de longo tempo preexistentes.[15]

O parêntesis contém muito mais do que indica a concisão de sua forma: retomando o tema da repetição, põe em jogo uma perspectiva intercultural. É na repetição que a genealogia detecta a lógica de um movimento, uma *necessidade* desdobrada em fases de similar configuração, um mesmo ducto histórico e espiritual que, no Oriente e no Ocidente – em completa independência dos dois termos da comparação –, resolve-se em catástrofe. Na repetição repousa, em parte, a força probante da argumentação.

E se a catástrofe traz à luz um *Nihilum* como núcleo do ascetismo, compreende-se melhor, então, por que Nietzsche pode designar a Terra como um "astro ascético". A repetição do desenvolvimento na necessidade de sua *démarche* culmina na perpetuação do ideal, e lança luz sobre a necessidade da ascese, tornando plausível a concepção do filosofar como reminiscência e reconhecimento, como percorrer de novo um mesmo caminho, retraçar uma mesma órbita. As filosofias "possíveis" são, pois, sempre um retorno à primeva morada perfeita da alma: o ideal; elas são, portanto, um

> atavismo de primeira ordem: O curioso ar de família de todo filosofar indiano, grego e alemão tem uma explicação simples: Onde há parentesco linguístico é

---

[14] Id., *Genealogia da moral*. III, 27, trad. bras. Paulo César de Souza. São Paulo: Companhia das Letras, 1998, p. 147.
[15] A. Orsucci, *Genealogia della Morale. Introduzione alla Lettura*. Roma: Carocci editore, 2001, p. 193.

inevitável que, graças à comum filosofia da gramática – quero dizer, graças ao domínio e direção inconsciente das mesmas funções gramaticais –, tudo esteja disposto para uma evolução e uma sequência similares dos sistemas filosóficos.[16]

O paralelo entre o desenvolvimento da filosofia na Índia e o curso histórico da filosofia ocidental podem ser aprofundados se considerarmos, numa ampla visão de conjunto, aquilo que Nietzsche, como filólogo e genealogista da cultura, provavelmente tinha em vista: a saber, que

> a filosofia clássica hindu conhece seis modos de interpretação da realidade, sendo usual apresentá-los em duplas: os dois Mīmāṃsā,[17] primeiramente a antiga (Pūrvā), puramente exegética, védica, e a mais recente (Uttarā), mais conhecida sob o nome de Vedānta, que, além disso, examina a oposição do relativo, ou da ilusão, à realidade última, ao absoluto; em seguida vem o *Vaiśeṣika*, espécie de atomismo cujas categorias de raciocínio aproximam do Nyāya, a lógica. Os dois últimos *darśana*[18] são a Yoga, conjunto de práticas ascéticas destinadas a condicionar a experiência mística, e a Sāmkhya, frequentemente considerada como o aspecto teórico do precedente.[19]

Em Nietzsche, a pergunta pelo significado dos ideais ascéticos faz emergir precisamente a ligação entre o sentido inerente ao ideal ascético – e ao ideal em geral (*überhaupt*) – e sua função estratégica: a cessação do sofrimento, a superação da morte; a libertação do drama da finitude – uma finalidade ético-religiosa, também essencialmente visada pelo movimento espiritual que, na história da cultura hindu, corresponde ao florescimento da filosofia Vedanta e Sāmkhya:

> Todo conhecimento na Índia dessa época tem um fim pragmático: arrancar o homem à roda das existências, ao *samsāra*, concepção aparecida com os *Upanishades* e o Budismo, que os textos védicos haviam ignorado. Convém, portanto, colocar

---

[16] F. Nietzsche, *Além do bem e do mal*. § 20, trad. bras. Paulo César de Souza. São Paulo: Companhia das Letras, p. 24s. Este aforismo proporciona a base para uma interpretação da abertura da genealogia nietzschiana para uma filosofia da interculturalidade, que será objeto de desenvolvimento em outros capítulos deste livro.
[17] A Sanskrit word that **means** "reflection" or "critical investigation". Also known as Pūrva-Mīmānsā or Karma-Mīmānsā,) it is one of six orthodox (astika) schools of Hinduism. The school is known for its philosophical theories on the nature of dharma, based on hermeneutics of the Vedas.
[18] "Traduzir, como de fato faz-se com frequência, *darśana* por 'sistema' é inexato. *Darśana* provém da raiz *dṛś* que significa, a uma só vez, ver e olhar, duas noções que em sânscrito não se distinguem em absoluto. Um *darśana* é, portanto, um ângulo de visão sob o qual tal ou tal grupo de pensadores escolhe considerar o mundo e refletir a respeito dele". A-M. Esnoul, *Les Strophes de Sāmkhya*, trad. fr. Anne-Marie Esnoul. Paris: *Les Belles Lettres*, 1964, p. x.
[19] *Ibid.*, p. x.

um termo ao fluxo sem começo dos renascimentos. É graças ao conhecimento dos princípios componentes do universo que os adeptos do Sāmkhya se propõem a romper com o círculo maldito.[20]

O fim último de todo conhecimento, portanto, encontra-se na compreensão da natureza e das formas de *Dukkha*, bem como no caminho para a *moksha*, ou libertação. Uma dessas vias consiste justamente no conhecimento do caráter insubstancial, insubsistente e ilusório da alma individual, do "Ego", raiz do apego.

Resultado análogo àquele que constitui a autonegação da vontade de viver na filosofia de Schopenhauer, a única realização possível da liberdade no plano da existência fenomênica. Ela constitui também para Schopenhauer um resgate e uma redenção, que liberta da repetição aprisionada no círculo vicioso da vontade de vida, que a filosofia de Schopenhauer alegoriza em imagens como a roda de Ixion ou o mítico trabalho de Sísifo:

> Os esforços infindáveis para acabar com o sofrimento só conseguem a simples mudança de sua figura, que é originariamente carência, necessidade, preocupação com a conservação da vida. Se, o que é muito difícil, obtém-se sucesso ao reprimir a dor nesta figura, logo ela ressurge em cena, em milhares de outras formas (variando de acordo com a idade e as circunstâncias), como impulso sexual, amor apaixonado, ciúme, inveja, ódio, angústia, ambição, avareza, doença etc. Finalmente, caso não ache a entrada em nenhuma outra figura, assume a roupagem triste, cinza do fastio e do tédio, contra os quais todos os meios são tentados. Mesmo se em última instância se consegue afugentar a estes, dificilmente isso ocorrerá sem que a dor assuma uma das figuras anteriores, e assim a dança recomeça do início, pois entre dor e tédio, daqui para acolá, é atirada a vida do homem.[21]

Na história do niilismo europeu, reconfigura-se, portanto, análoga constelação, na qual a metafísica de Schopenhauer ocupa um lugar estratégico. O sistema do pensamento único – como glorificação filosófica da compaixão – representa o ponto crítico no transcurso de uma *patologia*, ao longo da qual os ideais ascéticos revelam-se como máscaras do *nihilum, vontade de Nada*. Sob a mesma ótica, a filosofia Vedānta aparece como um sistema ou visão de mundo que mantém proximidade com a lógica, as práticas ascéticas da Yoga e uma particular vertente teórica de tais práticas ascéticas – a saber, da filosofia Sāmkhya, que, de acordo com a genealogia de Nietzsche, teria sido popularizada por

---

[20] *Ibid.*, p. xi.
[21] A. Schopenhauer, *O mundo como vontade e representação*. i, livro iv, § 57, trad. bras. Jair Lopes Barboza. São Paulo: Ed. Unesp, 2005, p. 405 s.

Buda. Compreende-se então, a partir desses marcos, os motivos pelos quais Nietzsche, em *Ecce Homo*, não trata o Budismo como religião, nem como moral, mas como *dietética* e prática médica, lastreada numa longa tradição filosófica.

Nesse sentido, o paralelo traçado no parêntesis inserido no parágrafo 27 de GM encontra um reforço em passagens do *Anticristo* sobre a ascese budista. Aliás, transformação da ascese em atividade terapêutica, para a qual o Budismo recomenda

> a vida ao ar livre, a vida em caminhada; a moderação na seleção da dieta; a precaução relativamente a todas as bebidas alcoólicas; igual precaução contra todas as emoções que produzem a bílis e aquecem o sangue; a ausência de preocupações, quer a respeito de si, quer de outrem. Exige representações que proporcionem repouso ou suscitem alegria – e encontra meios de se desacostumar das outras. Olha a bondade, o ser-bondoso como favorável à saúde. Exclui-se a oração, bem como a ascese; nenhum imperativo categórico, nenhuma coação em geral, nem sequer dentro da comunidade conventual (pode voltar-se a sair dela).[22]

Em outros textos programáticos – conservados como *Nachgelassene Fragmente* (apontamentos, anotações e escritos inéditos, que integram o espólio filosófico do autor) –, Nietzsche multiplica experimentos mentais de reforma e ressignificação da ascese como consequência da autossupressão da moral cristã. No extremo oposto de Schopenhauer, Nietzsche propõe-se, então, a ressignificar a ascese, ou seja, a naturalizá-la: "Quero também *naturalizar* de novo a ascese; ao invés do propósito de negação, o propósito de fortalecimento; uma ginástica da vontade; uma privação e um intercalado tempo de jejum de toda espécie, também no que há de mais espiritual".[23] Um ponto de vista que encontramos também, de modo inequívoco, num texto consideravelmente programático para todo este período que vai até o final de sua vida lúcida.

"O que foi corrompido pelo abuso que a Igreja empreendeu com isso: a *ascese*: quase não se tem mais a coragem para trazer à luz sua utilidade natural, sua imprescindibilidade a serviço da educação da vontade."[24] O texto menciona ainda a ressignificação do jejum, da forma de vida comunitária, nos mosteiros, as festas e também, fundamentalmente, a experiência da morte. Renaturalização da ascese e ressignificação do sofrimento e da morte são as modalidades com que joga este experimento mental da fisiopsicologia de Nietzsche.

---

[22] F. Nietzsche, *Der Antichrist* [O anticristo], § 0, KSA, 6, p. 186 s.
[23] Id., "Fragmento inédito", n. 9[93], do outono de 1887, KSA, 12, p. 387 s.
[24] Id., "Fragmento Inédito" n. 10 [165], do outono de 1887, KSA, v. 13, p. 552 s.

À luz de tais elementos, Nietzsche interpreta a escalada do niilismo, enquanto movimento epocal da história cultural da Europa, como um processo irrefreável, no qual está implicado, por certo, o problema do significado dos ideais ascéticos, mas também *do ideal enquanto tal*, e não apenas de um tipo particular de ideal. Como observa Paul van Tongeren, em questão no "ideal ascético" está o *ascetismo de todos os ideais*, o modo como esses ideais continuam a operar através de tudo o que pensamos, fazemos e criamos, até mesmo da própria crítica de Nietzsche a esses mesmos ideais.

> O termo "ascético", na expressão "ideais ascéticos", não designa um tipo particular de ideal ou mesmo de ascetismo, mas *o ascetismo inerente a todo ideal*, a todo "idealismo" – de acordo com o significado próprio que Nietzsche confere ao conceito de idealismo.[25]

Na terceira dissertação de GM, o plural (ideais ascéticos) é definitivamente substituído pelo singular (ideal ascético), denotando, assim, que o autêntico significado dos ideais ascéticos não se esgota em seu *stricto sensu*: pobreza, castidade e obediência, como quebrantamento da vontade. O verdadeiro sentido é que todo *ideal* tem por essência a ascese, e, por consequência, um voltar as costas para o *nonsense* do mundo, uma vontade de negação da vida e superação da morte, portanto, de *nihilum*. Ora, esta vontade de nada, de *nihilum*, desde o princípio foi o fundamental na ascese.

Desse modo, a crítica nietzschiana do ideal ascético é a do ideal *tout court*, e, portanto, a da história da filosofia ocidental em seu conjunto, na medida em que esta, desde Platão, esteve sempre referida às ideias e ao ideal. Nesse sentido, para Nietzsche o nome "Deus" significa não apenas uma entidade religiosa, mas é a expressão que sintetiza toda a esfera dos ideais, designa o *ens supremum*, reunindo em si as esferas do Bem, do Verdadeiro e do Belo. De modo que seu ateísmo seria, como pretende Nietzsche, a denúncia do ideal feita em nome da "realidade efetiva", da "verdade", uma vez que a idealização – todo ideal – seria uma forma de denegação da realidade, "todo idealismo é mendacidade ante o necessário".[26]

É a ascensão do niilismo que propicia as condições mais adequadas para a descoberta da significação do ideal, da ascese como essência do

---

[25] Cf. P. Van Tongeren, "Nietzsche's Challenging Diagnosis" in: Y. Sineokaya e E. Poljakova (orgs.), *Friedrich Nietzsche. Legacy and Prospects*. Moscou: LRC Publishing House, 2017, p. 205. Cf. também: P. v. Tongeren, *Friedrich Nietzsche and European Nihilism*. New Castle upon Tyne: Cambridge Scholars Publishing, 2018.

[26] F. Nietzsche, *Ecce Homo. Por que sou tão inteligente*, § 10, trad. bras. Paulo César de Souza. São Paulo: Companhia das Letras, 1995, p. 51.

ideal, pois essa escalada traz à tona o *a vontade de nada*, que constitui a quintessência de todo ideal, pois o ideal, em qualquer uma de suas formas, é sempre "consolo metafísico para a ferida da existência", a estratégia de todas as tentativas religioso-filosóficas de encontrar um sentido para os dramas da finitude, uma justificação para o sofrimento e a morte. A exigência de sentido para a vida entendida como inseparável da dor e da morte: um sentido, qualquer sentido, mesmo o Nada, dissimulado nos ideais ascéticos.

Ao diagnóstico e tratamento da ascendência do *nihilum* na história da filosofia – na qual incluiria as curiosidades e complexidades do espírito moderno –, Nietzsche dedicaria uma parte de sua projetada obra capital. Este projeto é também anunciado no parágrafo 27 da terceira dissertação da *Genealogia*: "Tais coisas serão por mim tratadas em outro contexto, com maior profundidade e severidade (sob o título de 'História do niilismo europeu'; numa obra que estou preparando: A *vontade de poder. Ensaio de transvaloração de todos os valores*)".[27] Portanto, eis o anúncio do que seria, em versão ampliada, o projeto de tratamento genealógico, histórico-fisiopsicológico da gênese do ideal.

> Se desconsiderarmos o ideal ascético, o homem, o *animal* homem não teve até agora sentido algum. Sua existência sobre a terra não possuía finalidade; "para que o homem?" – era uma pergunta sem resposta; faltava a *vontade* de homem e terra; por trás de cada grande destino humano soava, como um refrão, um ainda maior "Em vão!". O ideal ascético significava precisamente isto: que algo *faltava*, que uma monstruosa *lacuna* circundava o homem [...] *e o ideal ascético lhe ofereceu um sentido!* Foi até agora o único sentido; qualquer sentido é melhor do que nenhum.[28]

Compreende-se, portanto, o que significa essa aproximação entre o niilismo extremo e a filosofia vedanta. O sentido da ascese – que emerge em toda a sua dimensão no enredamento entre ciência e ideiais ascéticos, ou, mais precisamente, na revelação da vontade incondicional de verdade como **ideal científico** – mostra-se justamente no que *resta* daquele ideal; nesse sentido, portanto, não apenas como seu resto, mas antes como seu cerne. Para Nietzsche, o ateísmo moderno permanece, então, ligado àquele mesmo ideal, sendo até mesmo sua formulação "mais estrita e mais espiritual", esotérica do princípio ao fim. O que está em jogo é, então, o sentido de

---

[27] *Id.*, GM III, § 7, trad. bras. Paulo César de Souza. São Paulo: Companhia das Letras, 1998, p. 146.
[28] *Id.*, *Genealogia da moral* III, 28, trad. bras. Paulo César de Souza. São Paulo: Companhia das Letras, 1998, p. 148 s.

homem e mundo, e com isso de toda idealização da existência, a "fabricação do ideal" como justificação e sentido, mas também redenção para a dor, a finitude e a morte. A analogia estrutural – ou mesmo uma invariância – na lógica do desenvolvimento da cultura ocidental e naquela da cultura oriental, nos desdobramentos históricos do hinduísmo (a filosofia Sankhya e Buda) e do Cristianismo (os destinos da veracidade e da moralidade cristãs), é também sintoma dessa dimensão do existir humano, cuja verdade é revelada na catástrofe: a (im)possibilidade de supressão (*Selbstaufhebung*) do ideal.

Desse ponto de vista, a analogia detectada por Nietzsche no parêntesis em questão indica o momento *kairótico* da transvaloração nietzschiana de todos os valores: Dioniso contra o Crucificado – a rigor, o Dionysos/Nietzsche em antagonismo à tríade formada por Buda, Sócrates e Cristo e a seus avatares histórico-filosóficos. Além disso, o parêntesis fornece também uma preciosa instanciação da tese fundamental de *Zur Genealogie der Moral*: longas cadeias de sinais dão acesso ao cerne e à história de uma coisa, de um órgão, de um costume, de uma instituição. Trata-se de uma cadeia plural, de uma multiplicidade de sentidos e significados, que o arqueogenealogista tem de reconstituir e resgatar. Não apenas para compreender seu movimento de geração, seu vir-a-ser, mas também para considerar virtualidades remanescentes. Nisso também se atesta a seriedade de um autêntico genealogista da moral, que se dedicou à tarefa de pensar o *seu problema*: o significado do ideal ascético.

> Mesmo o Cristianismo primitivo, com sua surpreendente capacidade de assimilar aspirações, crenças e modos de vida do mundo pagão circundante, acaba por mostrar, em muitas páginas da *Genealogia*, não "um *único* significado, mas uma síntese inteira de significados" (GM. II, 13). Mas também o antigo Israel e o Budismo parecem subtrair-se, pelo menos na perspectiva em que vêm a ser relidos por Nietzsche, a uma "definição" unívoca: nenhum desdobramento coerente de uma tradição compacta, senão que, muito mais, processos de sedimentação, complexos enxertos entre contribuições de origem bem diversa, que é preciso percorrer com grande cautela, sem fazer concessão em parte alguma a sínteses superficiais.[29]

Ora, essa "grande cautela" é uma exigência posta por um problema e uma dificuldade incontornável para o pensamento de Nietzsche – uma dificuldade para a qual Paul van Tongeren e Werner Stegmaier chamaram recentemente a atenção. Refiro-me ao modo como o ideal continua operante inclusive na própria crítica de Nietzsche aos ideais ascéticos, à impossibilidade de supera-

---

[29] A. Orsucci, *Genealogia della Morale. Introduzione alla Lettura*. Roma: Carocci editore, 2001, p. 198.

ção de um dos sentidos do niilismo. Van Tongeren dá a esse enredamento da crítica no ideal o nome de autorreferencialidade, e julga vê-la explicitada justamente no parágrafo 27 da terceira dissertação de *Para a genealogia da moral*.

> Em sua crítica dos ideais, ele [Nietzsche, OGJ.] é dependente de [...] um ideal, mais uma vez, mesmo que seja aquele ideal que ele ainda está investigando. A crítica por Nietzsche do niilismo repete as estruturas criticadas, mas não faz isso ingenuamente. Isso demonstra de modo especial como a crítica necessariamente fica entranhada nessas estruturas idealistas, e conclui que o reconhecimento dessa inevitabilidade é um ponto além do qual não se pode mais prosseguir: "que sentido teria *nosso* ser inteiro se não fosse este, que em nós a vontade de verdade torna-se consciente de si mesmo como um *problema?*" (GM III 27).[30]

Trata-se, então, de uma crítica autorreferencial, que questiona as próprias bases; mas essa autorreferencialidade nada tem a ver com um déficit lógico do pensamento, pois se impõe como condição para a compreensão da escalada do niilismo europeu, entendido como destinamento da filosofia. A probidade intelectual da moderna consciência científica, sendo o que resta do ideal ascético, faz então a diferença entre os filósofos do futuro e os comediantes do ideal. Por injunção de honestidade intelectual, aquele que não é um *Schauspieler* (ator) do ascetismo não pode recorrer a nenhuma estratégia de denegação, nem mesmo à possibilidade de superação, pois *o resto* conserva ainda a quintessência do ideal ascético. Considerando o problema sob a égide da autorreferencialidade, talvez não seja possível contornar o niilismo, no sentido de seu ultrapassamento e superação; a *Selbstaufhebung* do ideal ascético não teria como resultado uma superação sem resíduos do niilismo, em todas as suas formas:

> A conclusão pela autossupressão do ideal ascético enquanto tal, a respeito disso Nietzsche está esclarecido, não traz já o desligamento em relação à forma de vida que ele configurou ao longo de milênios. Depois de tudo que ele disse sobre o profundo enraizamento e encerramento do pensamento a formas de vida, Nietzsche não pode esperar que *insights* intelectuais modifiquem, de um só golpe, a forma de vida do ideal ascético. Ao invés disso, ele conta com longos espaços de tempo, nos quais primeiramente também o seu *insight* terá de produzir efeitos, primeiramente terá de se impor, e em face da história da moral até agora, como ele aprendeu a vê-la, quase nada disso se realizará por mero Esclarecimento, senão que antes, pelo contrário, por meio de catastróficas irrupções e rupturas morais.[31]

---

[30] P. Van Tongeren, "Nietzsche's Challenging Diagnosis" in: Y. Sineokaya e E. Poljakova (orgs.), *Friedrich Nietzsche. Legacy and Prospects*. Moscou: LRC Publishing House, 2017, p. 205.
[31] W. Stegmaier, *Nietzsches 'Genealogie der Moral'*. Darmstadt: Wissenschaftliche Buchgesellschaft (BWG), 1994, s. 206.

O comentário de Stegmaier alude à persistência de uma variante do niilismo ainda mais radical do que aquelas tratadas por Nietzsche em obras publicadas e alguns fragmentos póstumos, no contexto das possibilidades de sua superação ou de autossupressão. Essa modalidade oferece dificuldades especiais de interpretação, mas sua relevância para a filosofia contemporânea mal pode ser exagerada. Como derivação do resultado final do que Nietzsche denominou a lógica da catástrofe (a autossupressão do niilismo *próprio da moralidade cristã*), encontraríamos um niilismo basilar, insuperável, com o qual teríamos de viver.

Trata-se da figura do *Nada niilista*, que se expressa na consciência da inelutável autorreferencialidade da própria filosofia do niilismo, a saber, na consciência do caráter niilista do próprio trabalho crítico genealógico, em sua tarefa de reconstruir a história de proveniência do niilismo.

> O Nada niilista, segundo o qual não há nada (*nichts ist*) em todos os sustentáculos absolutos nos quais até agora os filósofos e os teólogos tinham acreditado poder se apoiar, Nietzsche o deixou principalmente nos bastidores de sua obra, e falou mais dele em suas anotações. Pois desse niilismo, consequentemente, não se pode falar, em absoluto (*gar nicht sprechen*). No início de uma de suas últimas obras, no *Crepúsculo dos ídolos,* pode-se ler: "Até o mais corajoso de todos nós só raramente tem coragem para o que ele propriamente (*eigentlich*) sabe (*weiss*)...". A palavra "*sabe*" está destacada, em seguida vêm reticências. Precisamos de coragem onde a angústia vem à tona. Por sua vez, Nietzsche precisou de longo tempo para expressar e comunicar a sentença (*Satz*). Por fim, ele anotou para si mesmo o que ele acreditava saber: que ele tinha sido "até agora niilista desde os fundamentos" ("*von Grund aus bisher Nihilist*" *gewesen sei*), mas que por muito tempo não tinha podido confessar (*eingestehen*) para si mesmo. Mas justamente a tarefa de desvendar o niilismo o tinha preservado da completa ausência de sustentáculo.[32]

Confrontamo-nos aqui com um niilismo no qual o próprio Nietzsche estaria enredado, numa experiência vivida que constitui também um legado para as gerações futuras, ou seja, para nós. Esta figura do niilismo remete à função "metafísica", ou melhor, à *necessidade do ideal*. O ideal – um ideal qualquer – proporciona um sentido à existência humana, que não pode prescindir da dimensão do sentido.

No *Nachlassfragment* mencionado na citação de Stegmaier lemos:

> Para a gênese do Niilista. Só tardiamente temos coragem para aquilo que propriamente (*eigentlich*) sabemos. Que eu tenha sido niilista até agora, desde os fundamentos (*von*

---

[32] Id., *Orientierung im Nihilismus – Luhmann meets Nietzsche*. Berlim; Boston: de Gruyter, 2016, p. 30 s.

> *Grund aus bisher*), isso eu só confessei a mim mesmo há pouco tempo: a energia, a indiferença (*die Nonchalance*), com a qual eu, como niilista, seguia adiante enganou-me a respeito desse fato fundamental (*Grundthatsache*). Quando caminhamos para uma meta colocada diante de nós, parece-nos impossível que "a ausência de meta em si" ("*die Ziellosigkeit an sich*") seja o nosso fundamental artigo de fé (*Glaubengrundsatz*).[33]

Esta variante do niilismo contém o resultado final do que Nietzsche denominou a lógica da catástrofe. Algumas passagens do quinto livro de *A Gaia ciência* e os prefácios escritos em 1866 para uma segunda edição de suas obras (contemporâneos ao quinto livro da *Gaia ciência*) constituem, em seu conjunto, um grande esforço de autorreflexão e autocrítica por parte de Nietzsche, uma tarefa filosófica na qual a questão da superação do niilismo constitui um aspecto essencial. Num desses textos lemos:

> nós rimos ao ver "homem *e* mundo", separados tão só pela sublime presunção da palavrinha "e"! Justamente com esse riso, porém, não demos um passo adiante no desprezo pelo homem? E também no pessimismo, no desprezo à existência por nós cognoscível? Não caímos, exatamente com isso, na suspeita de uma oposição, uma oposição entre o mundo no qual até hoje nos sentíamos em casa com nossas venerações – em virtude das quais, talvez, *suportávamos* viver – e um outro mundo *que somos nós mesmos*: numa inexorável, radical, profunda suspeita acerca de nós mesmos, que cada vez mais e de forma cada vez pior toma conta de nós, europeus, e facilmente poderia colocar as gerações vindouras ante essa terrível alternativa: "Ou suprimir suas venerações ou – *a si mesmos!*". Este seria o niilismo; mas aquela não seria também – niilismo? – Eis a *nossa* interrogação.[34]

Tal como observou com lucidez Paul van Tongeren, a crítica nietzschiana do ideal ascético é a crítica da história da filosofia em geral, a crítica da cultura, que afeta inexoravelmente a própria genealogia. Trata-se, porém, de uma autorreferencialidade não deficitária, em termos lógicos, mas que descortina um dos mais profundos aspectos da meditação sobre o niilismo europeu, até mesmo do próprio destino da filosofia.

Na base de um discernimento como este, encontra-se uma ambiguidade e um paradoxo: viver com o niilismo talvez seja um indício de potência alcançada, daquela força que se revela precisamente como possibilidade de resistir à tentação nostálgica do absoluto perempto:

---

[33] F. Nietzsche, "Fragmento inédito", n. 9 [123], do outono de 1887 in: G. Colli e M. Montinari (orgs.), *Sämtliche Werke. Kritische Studienausgabe* (KSA). Berlim, Nova York, Munique: de Gruyter, DTV, 1980, v. 12, p. 407s.
[34] F. Nietzsche, *A gaia ciência*. § 346, trad. bras. Paulo César de Souza. São Paulo: Companhia das Letras, 2001, p. 239 s.

> Quais se demonstrarão aí como os *mais fortes*? Os mais comedidos, aqueles que não têm *necessidade* de extremos artigos de fé, aqueles que não apenas admitem, mas amam uma boa parte de acaso, absurdo, aqueles que podem pensar a respeito do homem com uma significativa redução de seu valor, sem com isso tornar-se pequeno e fraco: os mais ricos em saúde, aqueles que estão à altura da maioria dos *malheurs*, e por isso não temem tanto esses *malheurs* – homens que *estão seguros de seu poder*, e, com orgulho consciente, representam a *alcançada* força do homem.[35]

À sobra do niilismo extremo, faz-se mais necessária do que nunca a mais sofisticada arte da interpretação, para tornar possível uma nova compreensão, a apuração da faculdade de discernir, para decifrar enigmas; mais do que nunca, é preciso não se deixar confundir pelos sinais dos tempos, libertar-se das estreitas perspectivas de um maniqueísmo precipitado.

> Todo movimento terrível e poderoso da humanidade criou também, ao mesmo tempo, um movimento niilista. Sob certas circunstâncias, seria um sinal de um incisivo e, sobremaneira, essencial crescimento, com vistas à transição para novas condições de existência, que viesse ao mundo a mais extrema forma do pessimismo, o autêntico niilismo. Isso eu compreendi.[36]

Situar-se lucidamente em meio ao mais extremo niilismo exigirá pensar sem subterfúgios a perspectiva de uma existência desprovida de sentido e meta, porém fazendo-o em chave afirmativa. Aqui estará o signo da potência alcançada: poder dispensar, sem ressentimento, convicções absolutas e valorações incondicionais. A partir dessa perspectiva, a título de conclusão, sugiro dois desdobramentos desta problemática:

**Primeiro desdobramento** A inflexível lucidez com a qual Nietzsche situa-se no cerne do niilismo extremo pode ser uma contribuição de imenso valor para a reflexão filosófica em nossos dias, sobretudo num tempo em que os valores, os princípios e as instituições com base nas quais foram forjadas nossas sociedades ingressam num processo de desgaste progressivo e irreversível perda de legitimidade. É o caso do cenário político e sociocultural esboçado como pós-modernidade, pós-democracia, como esgotamento das possibi-

---

[35] *Id.*, "Fragmento inédito", n. 5 [71], do verão de 1886 – outono de 1887, § 15 in: G. Colli e M. Montinari (orgs.), *Sämtliche Werke. Kritische Studienausgabe* (KSA). Berlim; Nova York; Munique: de Gruyter, DTV, 1980, v. 12, p. 211 s.
[36] *Id.*, "Fragmento póstumo", do outono de 1887, n. 10 [22] in: KSA, *op. cit.*, v. 12, p. 468.

lidades de ação política e desorientação em todos os planos da vida, como friabilidade do solo sobre o qual assentávamos nossas formas de vida até então, e a impossibilidade de vislumbrar o que se anuncia como janela de futuro.

Trata-se de uma situação de confusão, na qual tornou-se muito difícil distinguir com segurança entre certo e errado, verdade e mentira, normalidade e exceção. Ora, esse cenário parece ter sido antecipado por Nietzsche com sua história do niilismo europeu. As crises éticas, sociais, políticas e culturais que marcam nossas sociedades contemporâneas afiguram-se como fenômenos de niilismo imperfeito, sobretudo com as vãs tentativas de escapar do niilismo, sem transvalorar os valores niilistas; portanto, numa situação em que só conseguimos produzir o contrário das metas almejadas, apenas tornar o problema do niilismo ainda mais agudo.[37]

Um niilismo perfeito seria, porém, do ponto de vista de Nietzsche, o resultado necessário dos valores de até agora:

> O olho do niilista, *que idealiza no que há de horrível*, que pratica infidelidade às suas recordações (ele as deixa cair, desfolhar-se; ele não se protege mais contra colorações pálido-cadavéricas, como o faz a fraqueza, que rega o que é remoto e passado; e aquilo que ele não exerce em relação a si mesmo, ele também não o faz em relação ao inteiro passado do homem), – ele o deixa cair.[38]

Por isso, Nietzsche recusa com veemência qualquer transação, artifício pacificador, acomodação ou estratégia de elisão das consequências desestabilizadoras que a crise que vem à tona com a escalada do niilismo acarreta. Crises são períodos de desestabilização e declínio, nos quais os valores éticos até então vinculantes esvaziam-se, embaralham-se e confundem-se, e, mesmo que permaneçam vigentes, fazem-no como signos de agonia e decomposição, já que desprovidos de força vinculante e capacidade de sustentação, de orientação. Por isso, Nietzsche fulmina como desonestas as alternativas de recuo em relação a esse limiar alcançado e denuncia a edulcoração moralista dos fatos.

Ora, desse ponto de vista, poderíamos encontrar em Nietzsche importantes subsídios para compreender os mesmos fenômenos dos quais pre-

---

[37] Cf. F. Nietzsche, "Fragmento inédito", n. 10 [42], do outono de 1887, in: G. Colli e M. Montinari (orgs.), *Sämtliche Werke. Kritische Studienausgabe* (KSA). Berlim; Nova York; Munique: de Gruyter; DTV, 1980. v. 12, p. 476.

[38] Cf. F. Nietzsche, "Nachlassfragment", n. 10 [43], do outono de 1887 in: G. Colli e M. Montinari (orgs.), *Sämtliche Werke. Kritische Studienausgabe* (KSA). Berlim; Nova York; Munique: de Gruyter; DTV, 1980. v. 12, p. 476.

tende dar conta a arqueogenealogia da política nas sociedades ocidentais modernas – tal como esta se formula ao longo do programa *Homo Sacer*, de Giorgio Agamben. Nesse sentido, poderíamos situar a filosofia política de Agamben no horizonte histórico-cultural esboçado pela reconstituição nietzschiana da história do niilismo europeu. E podemos fazê-lo por um viés ou perspectiva para a qual os confluem os dois pensadores: o estatuto e a função da lei na gênese da sociedade política e a relevância estratégica da literatura como operador diagnóstico. No caso de Agamben, em particular, da literatura de Franz Kafka e do papel que nela cumpre a relação entre o ser humano e a lei – verdadeira chave de interpretação para a montagem do diagnóstico da modernidade política pelo autor de *O estado de exceção*.

Lastreado em figuras e conceitos como *Homo Sacer*, *blosses Leben*, *Band* e *Ausnahmezustand*, Agamben esforça-se por elucidar os arcanos do vínculo ancestral entre poder soberano e vida nua no Ocidente, discriminando os elementos que neles se encontram confundidos. A indistinção entre facticidade e validade, inerente ao de estado de exceção, presta-se exemplarmente como ferramenta hermenêutica para um diagnóstico dos problemas filosóficos e jurídico-políticos da atualidade no registro da confusão, pois *confusio-onis*, de *confundere*, significa originariamente fundir, ligar num único elemento duas entidades distintas.

Agamben vale-se da literatura de Franz Kafka – mais precisamente, da interpretação por Walter Benjamin do estatuto e da função da lei na obra de Kafka – como alegoria e princípio-chave para decifração da confusão vigente na realidade política de nossas sociedades atuais. Para Agamben, a literatura de Kafka oferece um quadro ideal da situação em que a lei ultrapassou todos os limites, tornando-se idêntica à vida, que ela deveria interpretar, ao conferir-lhe, na distância, um sentido normativo, ordenado e regular.

Nesse estado de confusão, a aplicação da lei, que deveria ser parâmetro de julgamento, torna-se ela mesmo fato, e com isso indiferencia-se de sua transgressão, pois o que transforma um fato num ato jurídico não é sua facticidade, mas a dimensão do sentido ou a significação jurídica que o mesmo assume ao ser referido à norma, referência que o considera como um conteúdo dado para um esquema de interpretação. Considerada a partir desse ponto de vista, a modernidade cultural e política, segundo Agamben, é gravada por uma fusão anômala e conflitante de qualidades antitéticas, na qual as antinomias não são suprimidas ou abolidas, mas mantidas, conservadas e fomentadas.

Portanto, a *confusio* entre direito e fato, dever-ser e ser, tipicamente kafkiana, dá lugar a uma forma de vida caracterizada como "existência pantanosa" (*Sumpfdasein*), pelo enredamento numa condição dilemática na qual os personagens circulam permanentemente num espaço de indistinção assustador e sombrio, sem poder diferenciar com segurança entre ser e sentido, habitando uma zona de opacidade, na qual tudo se confunde e todos são, ao mesmo tempo, carrrascos e vítimas, acusadores e condenados, réus, juízes e funcionários, incapazes de decidir sem equivocidade sobre o certo ou errado, justiça ou injustiça, virtude ou vício, verdade ou falsidade.

> No *Estado de exceção* Agamben descreve dois aspectos, para ele significativos, da obra de Kafka: o diagnóstico crítico do estado do mundo e as marcas aí contidas de uma redentora inversão dessas relações. Por um lado, ele encontra na obra de Kafka a "mais precisa exposição da vida no estado de exceção"; por outro, segundo Agamben, as "personagens de Kafka" são "interessantes para nós porque elas, cada uma com sua estratégia própria", procuram desativar "essa forma espectral do direito no estado de exceção". De acordo com Agamben, só quando a vida assumiu em si mesma a lei, de forma que ela suprime a lei, ao invés de deixá-la dominar sobre a vida – um processo que corresponderia a um cumprimento definitivo da lei e uma supressão dessa lei, daí decorrente –, a humanidade seria redimida.[39]

Um estado de indiferenciação e *confusio* é o que Nietzsche igualmente discerne em seu diagnóstico do presente, elaborado em chave genealógica, a partir de seu conceito de *niilismo europeu*, um diagnóstico que é também autocompreensão. O mais importante desses presságios do futuro consiste no sentido "anúncio da morte de Deus", pelo menos para aqueles cujos olhar e suspeita são refinados e fortes o suficiente para percebê-lo: a tomada de consciência de que "tudo quanto irá desmoronar, agora que esta crença foi minada, porque estava sobre ela construído, nela apoiado e nela arraigado";[40] a percepção de que a escalada do niilismo traz consigo o desmoronamento e a catástrofe dos ideais, juntamente com a era da indistinção, da turvação da capacidade de julgar, da perda do sentido e da desorientação.

> Quadro da *décadence* deste tempo, o *gâchis*, a confusão, a literatura na pintura, a pintura na literatura, a prosa nos versos, os versos na prosa, as paixões, os nervos, as fraquezas de nosso tempo, o tormento moderno. Relâmpagos do sublime em tudo isto. Delacroix uma espécie de Wagner.[41]

---

[39] V. Liska. "Eine gewichtige Pranke. Walter Benjamin und Giorgio Agamben zu Erzählung und Gesetz bei Kafka", in: Daniel Weidner e Sigrid Weigel (orgs.), *Benjamin-Studien 3*. Paderborn: Wilhelm Fink Verlag, 2014, p. 222.
[40] F. Nietzsche, *A Gaia ciência*. Aforismo n. 343, trad. bras. Paulo César de Souza. São Paulo: Companhia das Letras, 2001, p. 233.
[41] F. Nietzsche, "Nachlassfragment. Frühjar", 1884, n. 25 [141] in: G. Colli e M. Montinari (orgs.), *Sämtliche Werke. Kritische Studienausgabe* (KSA). Berlim; Nova York; Munique: de Gruyter; DTV, 1980. v. 11, p. 51

Explorando com mais atenção a rede de correspondências entre Nietzsche e Agamben, parece-me que podemos encontrar uma analogia consideravelmente significativa: "Qual é, de fato, a estrutura do *bando soberano*", escreve Agamben,

> senão aquela de uma lei que *vigora*, mas não *significa*? Por toda parte sobre a terra os homens vivem hoje sob o *bando* de uma lei e de uma tradição que se mantêm unicamente como "ponto zero" do seu conteúdo, incluindo-os em uma pura relação de abandono. Todas as sociedades e todas as culturas (não importa se democráticas ou totalitárias, conservadoras ou progressistas) entraram hoje em uma crise de legitimidade, em que a lei (significando com este termo o inteiro texto da tradição no seu aspecto regulador, quer se trate da *Torah hebraica ou* da *Shariah* islâmica, do dogma cristão *ou* do *nómos* profano) vigora como puro "nada da Revelação". Mas esta é justamente a estrutura original da relação soberana, e o niilismo em que vivemos não é nada mais, nesta perspectiva, do que o emergir à luz desta relação como tal.[42]

Este era, também para Nietzsche, *o nosso problema-limite*, no qual o filósofo perguntava-se, por fim, se nele e com ele não nos manteríamos ainda encerrados num estado de dissolução permanente, ou, melhor, numa torturante nostalgia do que irremediavelmente perdemos, a saber, prisioneiros de uma paradoxia, de um desejo cuja realização tornou-se impossível, pois é o desejo daquilo em que não podemos mais acreditar: ao criticar o ideal, todo ideal, somos levados a fazê-lo em virtude do próprio ideal criticado: este antagonismo, escreve Nietzsche, consiste em não poder apreciar aquilo que conhecemos, ao mesmo tempo que também não podemos mais acreditar naquilo como que gostaríamos ainda de nos iludir. Justamente este antagonismo que mobiliza o processo de dissolução.[43]

Nesse sentido, a filosofia de Nietzsche, em sua reconstituição genealógica da história do niilismo europeu, instaura um âmbito do pensamento no qual podemos inserir e situar uma obra como a de Giorgio Agamben. Não por acaso, uma obra que pretende demarcar os liminares de uma nova ética – uma ética do testemunho, para a qual o *conceito de resto* adquire um estatuto fundamental.[44]

---

[42] G. Agamben, *Homo Sacer. O poder soberano e a vida nua 1*, trad. bras. Henrique Burigo. Belo Horizonte: Ed. UFMG, 2002, p. 59.
[43] Cf. Anotação inédita n. 71, KSA 12, p. 212.
[44] Tratei deste relacionamento em meu livro: *Agamben: por uma ética da vergonha e do resto*. São Paulo: n-1, 2018.

**Segundo desdobramento**   A título de conclusão, seria oportuno observar que uma das consequências do perspectivismo de Nietzsche interpreta a perempção da veracidade – entendida como a virtude *par excellence* da moderna consciência científica – como um momento decisivo na escalada do niilismo europeu. Ora, esta interpretação afeta, de maneira igualmente decisiva, a própria compreensão do termo "Europa".

Portanto, para Nietzsche, o sintagma Europa não denota uma localização espacial, ou mesmo uma região geopoliticamente situável, mas um conceito cultural. Com o perspectivismo, o poder disruptivo da crítica nietzschiana vem a fulminar também a até então indisputada identidade entre a Filosofia e a Europa, entre filosofia grega, ocidental-europeia e a racionalidade humana. Pois **uma** reflexão crítica que se originou, se desenvolveu e se firmou ao longo da história da filosofia, no desdobramento de suas consequências, revela que **a filosofia ocidental** e o tipo de racionalidade lógica nela hegemônico constituem, em realidade e de acordo com seus próprios padrões e parâmetros de julgamento, *uma* perspectiva na qual e pela qual o pensamento busca diretrizes de orientação para a vida, possibilidades e condições de existência genuinamente humanas no mundo.

Portanto, na filosofia de Nietzsche, "Europa" é o nome da perspectiva a partir da qual se descerra o imenso panorama de uma multiplicidade das perspectivas; e é justamente essa multiplicidade de perspectivas irredutíveis à unidade de uma metaperspectiva que *faz da Europa a Europa*. "Europa" designa tanto uma perspectiva de mundo quanto um mundo de perspectivas, um universo perspectivístico. Se com o sintagma "Europa" Nietzsche nomeia uma grande perspectiva que exibe a multiplicidade das perspectivas firmadas ao longo da tradição, então esse ponto de vista, consciente de sua própria limitação perspectivística, só pode emergir como tal a partir do reconhecimento de sua particularidade – uma vez que só podemos tornar presente uma perspectivação a partir de outra perspectiva, de *outro* ponto de vista, que, por seu turno, só pode ser percebido na e a partir de uma perspectiva *própria*.

Nessas condições, o perspectivismo de Nietzsche enseja ou permite vislumbrar uma resposta para a pergunta a respeito da tarefa própria da filosofia à sombra do niilismo. Pois com o perspectivismo, abre-se irreversivelmente o horizonte da interculturalidade, que nos permite um face a face não apenas com uma filosofia intercultural, mas com uma filosofia da interculturalidade. Com ela apresentam-se novas possibilidades de realização da eterna vocação filosófica para a universalidade, congênita à cultura ocidental-europeia e ao compromisso originário da filosofia com a verdade e a objetividade. A universalidade, porém, enquanto corresponde a uma exigência inalienável da razão, não se identifica mais com sua tradicional formulação eurocêntrica, e assevera-se como pretensão justa e possível unicamente no diálogo entre a pluralidade dos mundos culturais e históricos, sobre a base dos diferentes elementos que as experiências consolidadas nesses mundos disponibilizam como formas de vida autenticamente humanas.

> Existe um "diálogo (*Gespräch*) entre mundos culturais (*Kulturwelten*)" no qual a diferença entre eles é vivenciada como fecundo desafio? No qual só a partir do encontro pode ser descoberto e fomentado o genuíno "caráter de mundo" (*Weltcharakter*) desses mundos? As grandes culturas mundiais – precisamente ao preparar, cada uma delas ao seu modo próprio, incomparáveis e peculiares possibilidades fundamentais para a humanidade em seu todo – não teriam o direito de experienciar nisso um apoio indiviso (*ungeteilte Unterstützung*)? E isso de modo nenhum sobre o pano de fundo de autoencenações folclorísticas (*Selbstdarstellungen*), ou até de formações socioculturais híbridas, mas com base na contribuição engajada que cada uma delas faz ou se dispõe a fazer para a humanidade em seu todo – e com isso para um *Humanum* maior e mais desenvolvido? Pode-se renunciar seriamente a tudo isso; ou, ao contrário, não é antes uma consciência desta constelação e a recíproca elaboração (*gegenseitige Herausarbeitung*) dos mundos culturais *como mundos* a condição para poder fazer face a fenômenos (*Erscheinungsformen*) como a hostilidade ao estranho, o ódio ao estrangeiro? Assimilação cultural permanece aqui tão apática, irrealista e, em consequência, desumana como as representações de sociedades multiculturais.[45]

Este cenário delineia-se com toda a nitidez, mas também com especial pregnância no Brasil de nossos dias. Refiro-me com isso especificamente a um acontecimento que vem à luz sob a forma do livro intitulado *A queda do céu: palavras de um xamã yanomami*[46] – um prodigioso feito autoral, resultante de uma duradoura, laboriosa e fecunda parceria, uma experiência de engajamento intercultural, que assume a forma de um pacto enográfico entre o antropólogo francês Bruce Albert – formado na melhor tradição da ciência acadêmica europeia – e o xamã indígena yanomami Davi Kopenawa, da floresta amazônica brasileira.

*A queda do céu* e publicações do antropólogo brasileiro Eduardo Viveiros de Castro, como *A inconstância da alma selvagem*[47] ou *Metafísicas canibais*,[48]

---

[45] G. Stenger, *Philosophie der Interkulturalität*. Friburgo; Munique: Verlag Karl Alber, 2006, p. 22.
[46] D. Kopenawa e B. Albert, *La Chute du Ciel. Paroles d'un Chaman Yanomami*. Paris: Terre Humaine; Plon, 2014. [Ed. bras. D. Kopenawa, B. Albert, *A queda do céu: palavras de um xamã yanomami*. trad. Beatriz Perrone-Moisés. São Paulo: Companhia das Letras, 2010].
[47] E. Viveiros de Castro, *A inconstância da alma selvagem*. São Paulo: Ubu, 2017 [Ed. francesa: E. V. Castro, *L'Inconstance de l'âme sauvage. Catholiques et Cannibales dans Le Brésil du XVIe siècle*. Paris: Labor et Fides, 2020].
[48] E. Viveiros de Castro, *Métaphysiques Cannibales*. Paris: PUF, 2009 [Ed. bras. *Metafísicas canibais*. São Paulo: Cosac & Naify, 2015].

podem ilustrar a possibilidade de um **perspectivismo ameríndio oriundo da Amazônia brasileira**, capaz de se oferecer, num diálogo em profundidade com a filosofia de Friedrich Nietzsche, como uma instanciação de extrema relevância no campo da filosofia intercultural.

## Bibliografia

AGAMBEN, G. *l Potere Sovrano e La nuda vita*. Torino: Einaudi, 1995.

_____. *Homo Sacer. O poder soberano e a vida nua* 1, trad. bras. Henrique Burigo. Belo Horizonte: Ed. UFMG, 2002.

DESCARTES, R. "Les Méditations Métaphysiques" in: E. Charles Adam e Paul Tannery (orgs.), *Oeuvres de Descartes*. Paris: Vrin, 1964-1974.

_____. *Meditações concernentes à filosofia primeira*. Meditação Segunda, trad. bras. J. Guinsburg e Bento Prado Jr. in: Coleção Os Pensadores. 3. ed. São Paulo: Abril Cultural, 1983.

ESNOUL, A-M. *Les Strophes de Sāmkhya*, trad. fr. Anne-Marie Esnoul. Paris: *Les Belles Lettres*, 1964.

GIACOIA JR. O. *Agamben: por uma ética da vergonha e do resto*. São Paulo: n-1, 2018.

KOPENAWA, D. e ALBERT, B. *La Chute du Ciel. Paroles d'un Chaman Yanomami*. Paris: Terre Humaine; Plon, 2014.

_____. *A queda do céu: palavras de um xamã yanomami*. São Paulo: Companhia das Letras, 2010.

LISKA. V. "Eine gewichtige Pranke". *Walter Benjamin und Giorgio Agamben zu Erzählung und Gesetz bei Kafka*. In: WEIDNER, Daniel e WEIGEL Sigrid (orgs.), *Benjamin-Studien*, 3. Paderborn: Wilhelm Fink Verlag, 2014.

NIETZSCHE, F. *Sämtliche Werke. Kritische Studienausgabe* (KSA). Org. G. Colli e M. Montinari. Berlim; Nova York: de Gruyter; DTV, 1980.

ORSUCCI, A. *Genealogia della Morale. Introduzione alla Lettura*. Roma: Carocci editore, 2001.

SCHOPENHAUER, A. *Die Welt als Wille und Vorstellung*. I. W. Frh. Von Löhneysen (org.). Frankfurt/M: Suhrkamp, 1986.

STEGMAIER, W. *Nietzsches "Genealogie der Moral"*. Darmstadt: Wissenschaftliche Buchgesellschaft (BWG), 1994.

_____. *Nietzsches Befreiung der Philosophie*. Berlim; Boston: De Gruyter, 2012.

_____. *Orientierung im Nihilismus – Luhmann meets Nietzsche*. Berlim, Boston: de Gruyter, 2016

STENGER, G. *Philosophie der Interkulturalität*. Freiburg; Munique: Verlag Karl Alber, 2006, p. 22.

TONGEREN, P. v. "Nietzsche's Challenging Diagnosis" in: SINEOKAYA, Y. e POLJAKOVA, E. (orgs.), *Friedrich Nietzsche. Legacy and Prospects*. Moscou: LRC Publishing House, 2017.

_____. *Friedrich Nietzsche and European Nihilism*. New Castle upon Tyne: Cambridge Scholars Publishing, 2018.

VIVEIROS DE CASTRO, E. *L'Inconstance de l'âme sauvage. Catholiques et Cannibales dans le Brésil du XVIe siècle*. Genebra: Labor et Fides, 2020.

_____. *Métaphysiques Cannibales*. Paris: PUF, 2009.

_____. *Metafísicas canibais*. São Paulo: Cosac & Naify, 2015.

# 4 |
## Perspectivas sobre o contemporâneo

Para Nietzsche, a "contemporaneidade", enquanto relação do pensamento com o presente, só pode ser entendida a partir de um recuo e distanciamento crítico, que apenas a ironia pode propiciar. Pertencer ao próprio tempo, ser verdadeiramente atual e contemporâneo, é algo que só pode ocorrer com quem não coincide nem se identifica inteiramente com ele; trata-se, pois, de um pertencimento por desconexão: só quem não se mantém dócil e conformado às pretensões e exigências dos *establishments* de sua época, quem pratica a vivissecção na própria carne, pode ser considerado contemporâneo. Esta é também uma questão de consciência, ou, melhor, de exercício de filosofia como má consciência:

> Cada vez mais quer me parecer que o filósofo, sendo *por necessidade* um homem do amanhã e do depois de amanhã, sempre se achou e *teve* de se achar em contradição com o seu hoje: seu inimigo sempre foi o ideal de hoje. Até agora esses extraordinários promovedores do homem, a que se denominam filósofos, e que raramente viram a si mesmos como amigos da sabedoria, antes como desagradáveis tolos e pontos de interrogação – encontram sua tarefa, sua dura, indesejada, inescapável tarefa, mas afinal também a grandeza de sua tarefa, em ser a má consciência de seu tempo.[1]

Nesse sentido, o contemporâneo é essencialmente inatual. No entanto, em virtude desse anacronismo, torna-se mais capaz do que os outros de perceber e de apreender o essencial de seu tempo. Aderir pela recusa é o paradoxo do contemporâneo, o essencialmente arcaico tornando possível a apreensão e a dicção da *arché* vigente no tempo presente, e, em virtude disso, podendo compreendê-la de maneira mais profunda e radical.

Uma coincidência imediata e não refletida torna incapaz ver a própria época, não pode manter o olhar fixo nela, sendo ofuscada pelo resplendor de suas luzes, inapta a divisar também suas trevas. Ora, discernir esses sinais dos tempos pertence originariamente à missão da filosofia e constitui

---

[1] F. Nietzsche, *Além do bem e do mal*. Aforismo n. 112, trad. bras. Paulo César de Souza. São Paulo: Companhia das Letras, 2005, p. 106.

sua irremissível intempestividade. Mas, se assim é, ao reconstituir as marcas do caminho que nos leva até onde estamos, há que se perguntar por aquilo que cabe à filosofia hoje – uma interrogação que já pressupõe algo, portanto, que alguma coisa lhe compete, como atribuição própria, isto é, que a filosofia, em nossos dias, ainda tem uma incumbência, um encargo exclusivamente seu, uma ocupação específica da qual estaria encarregada.

Qual seriam, então, esses encargos e responsabilidades em nossos dias, depois que, ainda no limiar do século passado, a ascendência do positivismo despojou a filosofia de todo objeto próprio, reservando-lhe apenas o direito a uma existência espectral, como fenômeno de acompanhamento das ciências particulares, como metadiscurso sobre seus conceitos, pressupostos e métodos, ou como superfície de reflexão de problemas estéticos, práticas sociais e prescrições normativas tratadas competentemente em outros campos? De acordo com tal entendimento, a filosofia perduraria, desde então, como parcela residual na divisão técnica do trabalho intelectual, como um setor específico no sistema global da cultura, que, sob o assédio corrosivo da crítica linguística, pragmática, estruturalista, pós-estruturalista, fragmentou-se em disciplinas especializadas, cada vez mais insuladas e incomunicáveis: como historiografia da filosofia, epistemologia, exegese de textos, teoria do conhecimento, estética, ética, metafísica, filosofia da mente, filosofia da ação etc.

Admitido, por hipótese, esse diagnóstico, deve-se no entanto considerar que mesmo depois que a filosofia moderna, centrada na unidade subjetiva da consciência – substancial ou transcendental –, fragmentou-se nessa miríade de especializações técnicas mais ou menos monádicas, um núcleo parece ter remanescido como constante na dispersão das múltiplas variáveis e variantes, um cerne originário em relação ao qual vige um consenso razoavelmente bem firmado: a filosofia persiste hoje ainda como um tipo de saber que se ocupa – e que tem nesta ocupação sua responsabilidade, encargo e compromisso – com problemas como a verdade, as estruturas formais do pensamento e da ação, a questão do universal, as pretensões de validade de sistemas de conceitos, métodos e procedimentos, quadros categoriais, juízos e conjuntos de enunciados teóricos, bem como com as condições de validade e justificação racional de preceitos normativos, enfim, com as possibilidades – descerradas pelo *ethos* – de existência autenticamente humana no mundo ou mundos da vida.

Compreendida nesses termos, continua então cabendo à filosofia ainda em nossos dias aquilo de que ela, em boa medida, sempre se incumbiu ao longo de toda a sua história, como filosofia teórica ou especulativa e filosofia prática. E se é assim, então o conteúdo daquele consenso atual sobre a competência da filosofia continua a atribuir-lhe a incumbência de que ela fez sua ocupação própria, desde seu surgimento na Grécia por volta do século VII a.C. Como afirma Heidegger, filosofia enuncia-se, para nós, apropriadamente em grego, como *a* filosofia (η φιλοσοφία). E, como tal, sob a égide da racionalidade lógica que lhe é congênita, essa filosofia dá forma e fixa os rumos do mundo ocidental, no que diz respeito a sua cultura.

> A palavra *philosophía* diz-nos que a filosofia é algo que pela primeira vez e antes de tudo vinca a existência do mundo grego. Não só isto – a *philosophía* determina também a linha mestra de nossa história ocidental-europeia. A batida expressão "filosofia ocidental-europeia" é, na verdade, uma tautologia. Por quê? Porque a "filosofia" é grega em sua essência – e grego aqui significa: a filosofia é nas origens de sua essência de tal natureza que ela primeiro se apoderou do mundo grego e só dele, usando-o para se desenvolver.[2]

À vista dessas palavras, pode-se encontrar algum apoio para a acusação de eurocentrismo filosófico, frequentemente suscitada contra Heidegger, embora essa imputação tenha de ser sopesada com prudencial reserva.

Mas a filosofia, desde as origens na Grécia, configura-se também como uma formação bifronte: por um lado, é uma aquisição cultural *ocidental-europeia* dotada de estruturas de conteúdo próprias às sociedades ocidentais; por outro lado, a filosofia sustenta a pretensão de afirmar-se como um saber de validade *universal* encarregada de estabelecer as bases, os pressupostos e os condicionantes do pensamento em geral, os fundamentos sobre os quais assenta-se a autocompreensão do homem como sujeito de razão e de vontade, e que dão validade objetiva aos seus sistemas normativos.

Nietzsche parece ter apreendido com precisão essa paradoxal condição originária da filosofia, reconhecendo na figura de Sócrates um ícone do movimento que toma impulso na particularidade para alçar-se em direção ao universal:

> Quem se der conta com clareza de como depois de Sócrates, o mistagogo da ciência, uma escola de filósofos sucede a outra, qual onda após onda; de como uma universalidade jamais pressentida da avidez de saber, no mais remoto âmbito do mundo civilizado, e enquanto efetivo dever para todo homem altamente capacitado, conduziu a ciência ao alto-mar, de onde nunca mais, desde então, ela pôde ser inteiramente afugentada; de como através dessa universalidade uma

---

[2] M. Heidegger, "Que é isto – a filosofia?", trad. bras. Ernildo Stein in: *Heidegger. Obras Escolhidas*. Coleção Os Pensadores 1. ed. São Paulo: Abril Cultural, 1973, p. 212.

rede conjunta de pensamentos é estendida pela primeira vez sobre o conjunto do globo terráqueo, com vistas mesmo ao estabelecimento de leis para todo um sistema solar; quem tiver tudo isso presente, junto com a assombrosamente alta pirâmide do saber hodierno, não poderá deixar de enxergar em Sócrates um ponto de inflexão e um vértice da assim chamada história universal.[3]

Com alguma tolerância na expressão, e recorrendo-se novamente a Nietzsche, pode-se dizer que a Europa, do ponto de vista genealógico, constitui-se como um megaempreendimento escolar de formação do pensamento, que encontrou no curso da história as condições propícias para alcançar uma extensão e uma hegemonia virtualmente planetária: "A razão na escola fez da Europa a Europa: na Idade Média ela estava a caminho de se tornar novamente um pedaço e apêndice [península] da Ásia – Isto é, de perder o senso científico que devia aos gregos".[4] A racionalidade científica de tipo grega, aliada ao humanismo romano-helenístico e às correntes de tradição ético-religiosas judaico-cristãs, forjou em sua têmpera a Europa tal como a conhecemos, determinando os rumos que seriam seguidos pelo processo civilizatório no curso do qual se plasmaria a figura da *Humanitas*, tal como a concebemos ainda hoje:

> Somente na época da república romana, *humanitas* é, pela primeira vez, expressamente pensada e visada sob este nome. Contrapõe-se o *homo humanus* ao *homo barbarus*. O *homo humanus* é, aqui, o romano que se eleva e enobrece a *virtus* romana através da "incorporação" da *paideia* herdada dos gregos. Estes gregos são os gregos do helenismo, cuja cultura era ensinada nas escolas filosóficas.[5]

Com base nesta herança, a filosofia grega, com seu modo próprio de racionalidade lógica, pretendeu dar expressão teórica e prática à razão humana *tout court*. Com isto, *uma* perspectiva impõe-se e faz-se valer como *a* perspectiva. Sobre a base do conhecimento científico e da técnica nele fundada, bem como nos padrões de vida econômica, social e política extraídos de seu protótipo de racionalidade, essa tradição encontrou condições suficientes para dar sustentação e realização à pretensão da filosofia à verdade e à validez universal.

> Com sua cultura, a Europa ultrapassou sempre de novo suas fronteiras geográficas, primeiro nos tempos de Alexandre, o Grande, com suas incursões na Ásia, em

---

[3] F. Nietzsche, *O nascimento da tragédia*, 15, trad. bras. J. Guinsburg. São Paulo: Companhia das Letras, 1992, p. 94.
[4] *Id.*, *Humano, demasiado humano I*. Aforismo 265, trad. bras. Paulo César de Souza. São Paulo: Companhia das Letras, 2000, p. 182.
[5] M. Heidegger, *Sobre o 'humanismo'*, trad. bras. Ernildo Stein in: *Heidegger. Obras Escolhidas*. Coleção Os Pensadores 1. ed. São Paulo: Abril Cultural, 1973, p. 350.

seguida no curso da expansão do Cristianismo com seu encargo missionário, finalmente na modernidade com a fascinação de suas ciências, da técnica e da indústria nelas fundadas, e com seus projetos de modelos de estados democráticos.[6]

Por conseguinte, a Europa não é apenas uma particular região geográfica, situada em determinado continente do planeta Terra. A Europa é, antes, o nome de um vasto domínio cultural que abrange todas as formações sócio-históricas que se consolidaram com base nos valores fundamentais da cultura ocidental-europeia, o que envolve as Américas, a Oceania e partes da África, assim como exclui alguns povos que vivem no interior de territórios que, geograficamente, poderiam ser considerados como europeus.

Considerada sob a ótica da filosofia, a Europa é, antes de tudo, uma potência cultural. E, juntamente com sua pretensão ao conhecimento dos pressupostos fundamentais e condicionantes do conhecimento racional em geral, estabelece universalmente as instâncias de validade para o pensar e o agir humano, como que congenitamente ao impulso para a universalidade e nele enxertada, firmou-se também uma diretriz de investigação e exploração, que se desdobra em tendência a poderio, dominação, hegemonia e ascendência, em termos de Nietzsche: vontade de poder. Com base nesses elementos, há bons motivos para se acreditar que o mundo moderno, tal como este se configura a partir do predomínio da razão esclarecida, pode ser considerado como uma realização efetiva dos ideais civilizatórios da filosofia ocidental-europeia.

Ciência e técnica são hoje as potências históricas determinantes dos caminhos pelos quais se decidem a vida e a morte dos seres humanos no planeta Terra, e não somente dos seres humanos, já que exploração tecnológica das galáxias é atualmentemais do que uma simples possibilidade teórica. Lastreada num conjunto de procedimentos técnico-experimentais, operando a partir de modelos matemáticos, a *ratio* científica tornou-se capaz de se impor não apenas como padrão universal de racionalidade, mas também de reduzir a natureza à condição de manancial energético posto à disposição de suas intervenções, um fundo de reservas suscetível de exploração, extração, armazenamento, distribuição e comutação, num ciclo de consumo e desgaste que continuamente se repõe em espiral infinita. As tecnociências tornaram-se hoje as principais forças produtivas nas socie-

---

[6] W. Stegmaier, *Nietzsches Befreiung der Philosophie*. Berlim; Boston: De Gruyter, 2012, pp. 356-357.

dades economicamente desenvolvidas – que, não por mera coincidência, são aquelas que se formaram e desenvolveram com base na aceitação dos padrões e valores da cultura ocidental-europeia.

E assim, ao se realizarem, os ideais da *Aufklärung* trazem também à tona aquela ambivalência constitutiva da racionalidade lógica ocidental, pois é sob o impacto do êxito científico e tecnológico que a conquista da autonomia é confrontada com a exigência implacável de pretensões de poder e domínio, gerando, como resultado contraditório, a perda irreversível daqueles atributos essenciais que até então tinham definido a humanidade. O domínio da natureza pela razão humana tornou-se idêntico à submissão total do homem ao mecanismo das leis naturais; a libertação das amarras impostas pela ignorância, pela superstição e pelo medo arcaico, a entronizaçãodo homem como absoluto senhor dos elementos tem sua contraface na completa reificação – tanto no plano interno da psicologia quanto no plano externo das leis econômicas e dos sistemas sociopolíticos, inteiramente colonizados pelas tecnociências.

Diante da pergunta por aquilo que cabe à filosofia em nossos dias – e justamente em vista deste cenário –, seria necessário reconhecer que uma das questões filosóficas mais urgentes é aquela que coloca em chave crítica a hegemonia e o domínio planetário do binômio saber-poder, tal como imposto pela "cultura ocidental". Porque cabe à filosofia hoje o exercício da suspeita e o alerta para os perigos dissimulados nas utopias emancipatórias alimentadas pela confiança irrestrita na força prometeica da tecnociência, herdeira direta da racionalidade lógica de que Sócrates é o patrono. Pois as virtualidades inscritas nesse destino já estavam presentes desde o princípio: desde os primórdios a "vontade de emancipação" portava consigo um elemento hostil e violento, uma negatividade expressa como vontade de separação e subjugação, a "vontade de poder", dissimulada pela face luminosa do Esclarecimento, pelo projeto racional e "diurno" de humanização da natureza e naturalização das relações humanas.

Essa suspeita emerge e se firma hoje partindo dos bastidores da própria filosofia, de suas possibilidades de existência, já que a filosofia, tal como a praticamos em nossos dias, corre o risco de se eclipsar, de ser mobilizada como engrenagem funcional no grande mecanismo que (com base na utilização, para fins do cômputo logístico, de todas as forças e rendimentos, naturais e humanos) leva a efeito a reificação tecnológica integral do planeta, que se afigura como sendo a armação ou *Gestell* de que trata a filosofia da técnica de Heidegger.

Como peça funcional no conjunto da armação, o próprio pensamento – o elemento da filosofia – é reduzido ao cálculo, ou, mais precisamente, ao processamento de informações, condição indispensável para integração de todos os elementos na condição comum de materiais disponíveis para o aproveitamento, a produção e o consumo. Nas palavras do próprio Heidegger: "Pode ser também que a história e a tradição sejam niveladas ao armazenamento de informações, e, enquanto tal, sejam utilizadas para o incontornável planejamento de que carece uma humanidade controlada (*gesteuerte Menschheit*)" e dirigida pela armação – o que instrumentalizaria e encerraria o pensamento no megamovimento histórico de empreendimento informacional (*Informationsgetriebe*).[7]

Como pensador, Martin Heidegger anteviu a situação com a qual nos deparamos, sem ignorar que esse estreitamento de horizontes tinha sido anunciado pela filosofia de Nietzsche, em particular em sua reconstituição da história do niilismo europeu – que ele chamou "o mais inquietante de todos os hóspedes". A escalada do niilismo é um fenômeno perturbador porque nele vem à tona a derrocada dos princípios, valores e ideais sobre os quais se firmaram a racionalidade ocidental-europeia. Como experiência da perda de sentido, valor e força vinculante desses ideais, com essa perempção, ocorre também a tomada de consciência da autoinstituída particularidade como parâmetro universal da razão humana. O *Nihil* do niilismo, tal como diagnosticado por Nietzsche, é um espectro tornado figura do mundo, pois à sombra dele nenhuma exigência de verdade objetiva ou validez universal exibe títulos de crédito suficientes para legitimar as próprias pretensões. E, ao fazermos essa experiência histórica, sentimos o sem-fundo na base de toda tentativa de fundamentação.

Ora, como aquelas pretensões organizavam-se em sistemas categoriais investidos por valores que proviam os alicerces e as diretrizes de orientação para uma cultura que se tornou global, a erosão desse referencial axiológico assume a forma de uma crise catastrófica. A perda da dimensão de sentido, que somente sob a pressuposição daquele referencial encontrava sua sustentação, se impõe como realidade que afeta a sociedade mundial, em praticamente todas as suas formas de organização socioeconômica, política, científica e cultural – uma vez que sua condição de existência depende dos potenciais e recursos disponibilizados pela *"ratio"*, com suas ciências e tecnologias.

Tudo se passa, então, como se aquelas possibilidades descerradas para a razão teórica e para a razão prática, nas quais parecia que se

---

[7] M. Heidegger, *Wegmarken*. Frankfurt/M: Vittorio Klostermann, 1978, p. ix.

tinha abrigado ainda algum resíduo do universal – verdade e certeza, no plano teórico; dignidade e justiça no plano ético, moral e político, o belo e o sublime no plano estético –, fossem afetadas por uma corrosão irreversível, decorrente da erosão da unanimidade firmada em torno da onipotência da racionalidade tecnocientífica europeia. Aquilo que vem à tona quando somos abandonados por convicções pretensamente absolutas é que, nesse horizonte existencial e de pensamento, a filosofia passa a ser um exercício feito no elemento da insegurança e da incerteza, da instabilidade e da ausência de garantias definitivas.

Com Nietzsche, e a partir de uma crítica fundada na reflexão genealógica sobre o transcurso histórico da filosofia ocidental, esta é levada a extrair a derradeira consequência lógica dos próprios valores e exigências. Isso significa que a crise radical da filosofia tem de se produzir por razões *genuinamente intrafilosóficas*: no bojo dessa crise, toda proclamada objetividade do conhecimento racional (as pretensões de verdade, necessidade, validade e universalidade dos sistemas teóricos e das prescrições normativas) resolve-se, em derradeira instância, na ilimitada profusão de uma multiplicidade de perspectivas irredutíveis a uma unidade integradora.

Essa questão remete o pensamento a uma temática fundamental de nossos dias. A transformação do conhecimento em força produtiva cujo potencial tecnológico tem de ser compulsória e permanentemente atualizado gera como consequência um enorme incremento da operatividade, o que promove um trânsito imediato da pesquisa científica para o aproveitamento industrial de seus resultados, e a transposição destes para o cálculo estratégico das urgências econômicas e sociopolíticas. Na era da "escalada planetária" da tecnociência, o homem e o universo, os corpos e as mentes, a matéria e o movimento são objetivamente assumidos na racionalidade dos sistemas, funções e processos da computação e do cálculo logístico, num poderio capaz de se voltar destrutivamente contra a natureza, incluindo a própria "natureza humana".

> Em seu direito próprio, o dependente torna-se aquele que comanda, e o poderoso, em seu poder de causação, torna-se o responsável. Por aquilo que assim lhe é confiado, o poder torna-se objetivamente responsável e afetivamente engajado pela tomada de partido do sentimento de responsabilidade: no sentimento, o [elemento OGJ.] vinculante encontra sua ligação com a vontade subjetiva.[8]

---

[8] H. Jonas, *Das Prinzip Verantwortung. Versuch einer Ethik für die technologische Zivilisation*. Frankfurt/M: SuhrkampVerlag, 1984, p. 196.

Desse modo, o problema ecológico e a alteração climática, em relação com a dinâmica autonomizada do desenvolvimento tecnológico, deslocam-se para o epicentro das problematizações filosóficas, exigindo um reposicionamento acerca dos limites e perigos do antropocentrismo irrefreado, dominante em nossa tradição cultural – um problema para o qual pensadores como Hans Jonas, sobretudo sua heurística do temor, já tinham chamado a atenção, num *insight* que hoje se comunica com a exigência de novas categorias de compreensão do mundo, de nosso planeta, enfim, do que podemos entender por natureza.

Em resposta a esta interpelação, autores como Bruno Latour, James Lovelock e Lynn Margulis[9] propuseram uma noção e uma imagem da Terra pensada como *Gaia*, como um tipo de ser que só se tornou e permanece possível por meio do agenciamento de relações entre os mundos orgânico e inorgânico. *Gaia* seria, assim, uma entidade que vem ao nosso encontro de muitos modos possíveis, aos quais devemos prestar atenção, dos quais devemos cuidar, e em face dos quais precisamos aprender a responder de maneira responsável, de modo a evitar que se produza, por nossa agência, uma catástrofe de dimensões planetárias.

Para Lovelock, Gaia é o nome de uma complexa rede que engloba os organismos, os oceanos, a atmosfera e as rochas da superfície terrestre numa espécie de sistema que regula as condições físicas e químicas que vêm se mostrando, há alguns milhares de anos, altamente propícias para o desenvolvimento das formas de vida existentes. Não se trata apenas do espaço físico no qual a vida se desenrola, de uma entidade dinâmica, capaz de responder fisiologicamente aos estímulos, em que a regulação de seus parâmetros depende das relações estabelecidas entre os agentes orgânicos e inorgânicos que a constituem.

> Pela diversidade de variáveis que influenciam seus processos de autorregulação, é verdadeiramente impossível antecipar com precisão seu comportamento diante de mudanças em sua composição, tampouco prever os possíveis pontos de ruptura que eventuais alterações em seu estado de equilíbrio dinâmico poderiam ocasionar. Por essa razão, apesar de ser capaz de se ajustar a variações pontuais, em caso de

---

[9] Cf. Bruno Latour, *Down to Earth: Politics in the New Climatic Regime*. Cambridge, UK: Polity Press, 2018; James Lovelock, *Gaia: alerta final*, trad. bras. Vera de Paula Assis, Jesus de Paula Assis. Rio de Janeiro: Intrínseca, 2010; Lynn Lyn Margulis e James Lovelock, *Gaia – uma teoria do conhecimento*. São Paulo: Gaia, 2002. Cf. também a tese de doutorado de Alyne de Castro Costa. *Cosmopolíticas da Terra: modos de existência e resistência no Antropoceno* – PUC-RJ, 2019.

transformações muito severas o cenário ecológico pode mudar completamente, fazendo com que Gaia se reestabilize em outras condições, muito provavelmente menos favoráveis à biodiversidade atual – nela incluída a vida humana.[10]

É a vida numa tal entidade e com esta complexidade que temos a responsabilidade e o dever de tomar como nosso encargo, tarefa e corveia. E o fato de que Gaia venha ao nosso encontro, na imensa profusão de realidade e possibilidade que nos são constantemente oferecidas, com prodigiosa generosidade, não elide o fato trágico de que este encontro pode a todo tempo – e mormente hoje – ser-nos recusado. Esta raiz ontológica de nossa finitude, o fundamento da mortalidade na constituição fundamental da vida, impõe este dever como uma alternativa indeclinável. E justamente por causa disso, em nossa própria finitude e em sua remissão ao tempo, encontra-se a razão de ser pela qual é imprescindível o respeito ao que Jonas pensava como um direito próprio e um valor autóctone da natureza – na medida em que está literalmente em nosso poder levar a efeito essa subtração de Gaia, sua recusa de vir-ao-nosso-encontro tal como vinha fazendo há milênios.

É nesse sentido que o medo pode ter um efeito heurístico, levando-nos a procurar e descobrir novas possibilidades e estilos de vida, assim como produzir o efeito benéfico de chamar-nos à responsabilidade perante nós mesmos e as próximas gerações de seres humanos e não humanos. Se é verdade que as palavras de Jonas nos colocam diante de um problema de magnitude que parece superar as nossas forças, não é menos verdade que elas nos concitam a tarefas que, em nossa modesta esfera de atuação, nos são permitidas e solicitadas: cultivar um sentimento coletivo de concernimento e cuidado pelo conjunto da criação, que foi posta sob nossa guarda e responsabilidade.

É no interior desse horizonte que um livro como *A queda do céu* pode ser interpretado como dando corpo e realização a um projeto centrado no propósito de evitar o "etnocentrismo subliminar" da antropologia acadêmica tradicional, marcada pela "secular ambivalência dos estereótipos europeus do Selvagem, ora edênico, ora sanguinário".[11] E, para além do aspecto etnográfico e antropológico, penso que *A queda do céu* tem ainda uma caracterís-

---

[10] A. C. Costa, *Cosmopolíticas da Terra: modos de existência e resistência no Antropoceno*. Mimeo. puc-rj, 2019, p. 102.
[11] As duas expressões são retiradas do *Postscriptum: quando um é o outro (e vice-versa)*, de autoria de Bruce Albert in: D. Kopenawa e B. Albert, *A queda do céu: Palavras de um xamã yanomami*, trad. bras. Beatriz Perrone-Moisés. 1. ed. São Paulo: Companhia das Letras, 2015, pp. 515 e 516.

tica transdisciplinar, que o converte num livro-acontecimento fundamental também para a Filosofia: uma indicação pelos antropólogos e etnólogos de uma exigência e trabalho do pensamento a ser realizado pela filosofia: Afinal,

> todo etnólogo já não é um filósofo, na medida em que tem de se assegurar permanentemente de seus conceitos fundamentais e de suas questões metodológicas? Se tomarmos como critério de medida o progresso da especialidade relativamente a seu autoesclarecimento e autorreflexão, a etnologia das últimas décadas ocupou-se mais com suas questões de fundamentalização e problematizações metodológicas do que com pesquisa de conteúdos. E, inversamente, todo filósofo já não é também um etnólogo de si mesmo e de sua própria especialidade, na medida em que seu inventário conceitual próprio parece refletir a autocompreensão da cultura que a ele corresponde? Em todo caso, em face do crescente desafio da interculturalidade, as antigas delimitações de fronteira se veem colocadas em questão, se é que já não se tornaram obsoletas.[12]

Sendo assim, não apenas amplia-se o horizonte, mas também impõe-se a necessidade de uma *filosofia da interculturalidade* suficientemente alargada, e nesse sentido livros como *A queda do céu* imprimem no campo filosófico uma marca indelével, como de vozes que dialogam a partir da alteridade entre universos culturais mantidos em posição isonômica. Vozes que se tornam tanto mais imperiosas quando, por exemplo, o estatuto da Amazônia assume um papel destinamental para o futuro da humanidade. A este respeito, tem inteira pertinência a advertência feita por Viveiros de Castro:

> Talvez seja mesmo chegada a hora de concluir que vivemos o fim de *uma* história, aquela do Ocidente, a história de um mundo partilhado e imperialmente apropriado pelas potências europeias, suas antigas colônias americanas e seus êmulos asiáticos contemporâneos. Caberá a nós portanto constatar, e tirar daí as devidas consequências, que o *"nacional não existe mais, só há o local e o mundial"*.[13]

Com seu pacto etnográfico, *A queda do céu* parece responder à premonição de Nietzsche de que Europa é, por certo, o nome de uma perspectiva cultural, mas também de uma matriz cultural de imensa produtividade. Eurocêntrico é o ideal de universalização que se colocou historicamente na base do processo de globalização pelo mercado, cuja extensão atual domina o

---

[12] G. Stenger, *Philosophie der Interkulturalität*. Freiburg; Munique: Verlag Karl Albert, 2006, pp. 67-68.
[13] E. Viveiros de Castro, *Prefácio. O recado da mata* in: D. Kopenawa e B. Albert, *A queda do céu: Palavras de um xamã yanomami*, trad. bras. Beatriz Perrone-Moisés. 1. ed. São Paulo: Companhia das Letras, 2015, p. 17.

planeta. Mas é da autoconsciência dessa absolutização, pela autocrítica da Europa em seu confronto afirmativo com sua alteridade, que se pode fortalecer um contramovimento no sentido de uma redefinição do universal.

Por meio de uma alteridade reconhecida e validada, podem ser detectadas variações e invariantes temáticas interculturais, pode-se explorar criticamente campos abertos por conceitos como perspectivismo, multiculturalismo e até mesmo multinaturalismo, mas também, e sobretudo, novas e diferentes pespectivas, possibilidades de vida, tipos diferentes de experiências existenciais e horizontes de pensamento distintos dos nossos, de modo a tornar não apenas possível, mas necessário, o exame filosófico e crítico dos fundamentos ontológicos desses universos culturais colocados em diálogo e confrontados entre si.

Esses diálogos podem frutificar no interior do debate ecológico atual, que exige a redefinição de categorias de compreensão do mundo, do planeta Terra, enfim, do que podemos entender por natureza, um quadro categorial que nos auxilie a compreender que nós também somos parte de um imenso organismo – Terra pensada como Gaia, nos termos de Bruno Latour:[14] um tipo de ser que só se tornou e permanece possível por meio do agenciamento de relações entre os mundos orgânico e inorgânico.

A partir daí, torna-se imperioso abdicar dos delírios de onipotência de um antropocentrismo irrefreado, uma vez que se tornou evidente que não somos a coroa da criação, um reino separado do conjunto da natureza, como imagem e semelhança de seu Criador. Como afirmara Heidegger, não somos os senhores dos entes, mas – e nisto consiste nossa dignidade – os pastores do ser.

> Com essa determinação da Essência do homem não se declaram falsas nem se rejeitam as interpretações humanistas do homem, como *animal rationale*, como "pessoa", como ser dotado de alma, espírito e corpo. Ao contrário, o único pensamento a se exprimir é que as determinações humanistas da Essência do homem, ainda mesmo as mais elevadas, não chegam a fazer a experiência do que é propriamente a dignidade do homem. Nesse sentido o pensamento de Ser e Tempo é contra o humanismo. Essa oposição, todavia, não significa que um tal pensamento bandeie para o lado oposto do humano e preconize o inumano, defenda a desumanidade e degrade a dignidade do homem. Ao contrário. Pensa-se contra o humanismo porque o humanismo não coloca bastante alto a *humanitas* do homem. De fato, a grandeza

---

[14] Cf. Bruno Latour, *Down to Earth: Politics in the New Climatic Regime*. Cambridge, UK: Polity Press, 2018. James Lovelock, *Gaia: alerta final*, trad. bras. Vera de Paula Assis, Jesus de Paula Assis. Rio de Janeiro: Intrínseca, 2010; Lynn Margulis e James Lovelock, *Gaia – uma teoria do conhecimento*. São Paulo: Gaia, 2002. Cf. também a tese de doutorado de Alyne de Castro Costa. *Cosmopolíticas da Terra: modos de existência e resistência no Antropoceno* – PUC-RJ, 2019.

da Essência do homem não consiste em ser ele, como "sujeito", a substância do ente, para, na qualidade de déspota do Ser, fazer com que a entidade (*Seiendsein*) do ente se reduza à tão celebrada "objetividade"[...] O homem é mais do que o *animal rationale* na medida em que ele é menos do que o homem que se apreende e concebe pela subjetividade. O homem não é o amo e senhor do ente. O homem é o pastor do Ser.[15]

No Brasil, a partir da dramaticidade de nossa condição, compreendemos melhor a diretriz de pensamento heideggeriana à luz do imperativo ético da responsabilidade, tal como pensado por Hans Jonas – "aja de modo que os efeitos da tua ação sejam compatíveis com a permanência de uma autêntica vida humana sobre a Terra". Este imperativo readquire atualidade e urgência excepcionais, como um precioso recurso para a orientação do pensamento e da ação nos tempos sombrios que atravessamos. Pois as conquistas civilizatórias e institucionais politicamente consolidadas no Brasil no curso de sua história recente parecem estar ameaçadas, na atualidade, por acontecimentos que as colocam sob grave e iminente risco de retrocesso, e que exigem medidas ousadas, sérias, competentes e responsáveis no campo da proteção ambiental.

Exemplos desses acontecimentos são a intensificação do desmatamento na região amazônica num ritmo vertiginoso e de assustadora dimensão (num processo do qual as autoridades do Estado brasileiro parecem ter perdido o controle); a exploração irresponsável da rica biodiversidade da fauna e da flora; a poluição ambiental; e a incúria com que são conduzidas as políticas ambientais, preteridas em relação aos interesses econômicos das grandes corporações extrativistas e do agronegócio. São problemas gravíssimos que afetam não só o Brasil, mas também o ecossistema global e o futuro das próximas gerações de pessoas e seres vivos no planeta Terra.

Justamente neste contexto, sob a pressão dessas ameaças e perigos – e, portanto, no melhor espírito de uma heurística do medo, tal como pensada por Hans Jonas –, abre-se para o Brasil hoje uma perspectiva de extraordinária relevância: a possibilidade de permitir que venha ao nosso encontro, de maneira produtiva, o legado histórico e cultural de povos irmãos, de etnias ancestrais, que experimentaram no passado e guardam a memória em suas vidas presentes do peso e do temor de uma experiência de fim dos tempos, de uma "queda do céu".

---

[15] M. Heidegger, *Sobre o humanismo*, trad. bras. Emmanuel Carneiro Leão. Rio de Janeiro: Tempo Brasileiro, 1995, pp. 50 e 68.

Assim, a expressão "uma filosofia *do* Brasil" adquire novo sentido, resgatado hoje no terreno de uma transformação histórica que funda para o país uma posição relevante no cenário filosófico mundial.

## Bibliografia

GIACOIA JR.,O. *Agamben: por uma ética da vergonha e do resto*. São Paulo: n-1 edições, 2018.

HEIDEGGER, M. "Que é isto – a filosofia?", trad. bras. Ernildo Stein in: *Heidegger. Obras Escolhidas*. Coleção Os Pensadores 1. ed. São Paulo, 1973a.

_____. Sobre o 'humanismo', trad. bras. Ernildo Stein in: *Heidegger. Obras Escolhidas*. Coleção Os Pensadores. São Paulo: Abril Cultural, 1973b.

_____. *Wegmarken*. Frankfurt/M. Vitorio Kostermmann, 1978.

_____. *Sobre o humanismo*, trad. bras. Emmanuel Carneiro Leão. Rio de Janeiro: Tempo Brasileiro, 1995.

JONAS, H. *Das Prinzip Verantwortung. Versuch einer Ethik für die technologische Zivilisation*. Frankfurt/M: Suhrkamp Verlag, 1984.

KOPENAWA, D. e ALBERT, B. *A queda do céu: palavras de um xamã yanomami*, trad. bras. Beatriz Perrone-Moisés. 1. ed. São Paulo: Companhia das Letras, 2015.

LATOUR, B. *Down to Earth*: Politics in the New Climatic Regime. Cambridge UK: Polity Press, 2018.

LISKA, V. "Einege wichtigePranke". *Walter Benjamin und Giorgio AgambenzuErzählung und Gesetzbei Kafka* in: WEIDNER, Daniel e WEIGEL, Sigrid (orgs.), *Benjamin-Studien 3*. Paderborn: Wilhelm Fink Verlag, 2014.

LOVELOCK, J. e MARGULIS, L. *Gaia: alerta final*, trad. bras. Vera de Paula Assis, Jesus de Paula Assis. Rio de Janeiro: Intrínseca, 2002.

_____. *Gaia: uma teoria do conhecimento*. São Paulo: Ed. Gaia, 2002.

NIETZSCHE, F. *O nascimento da tragédia*, trad. bras. J. Guinsburg. São Paulo: Companhia das Letras, 1992.

_____. *Humano, demasiado humano I*. Aforismo 265, trad. bras. Paulo César de Souza. São Paulo: Companhia das Letras, 2000, p. 182.

_____. *Além do bem e do mal*, trad. bras. Paulo César de Souza. São Paulo: Companhia das Letras, 2005

STEGMAIER, W. *Nietzsches Befreiung der Philosophie*. Berlim; Boston: De Gruyter, 2012.

# 5
# Perspectivismo, niilismo, identidades

O perspectivismo é um ensinamento fundamental de Nietzsche em que se cria um novo conceito para objetividade e identidade e se realiza um exercício filosófico de estranhamento necessário do eu, de extroversão, para a recuperação de uma autêntica *ipseidade* – o retorno a si pela mediação e reconhecimento da perspectiva do outro enquanto perspectiva interpretante, que ao mesmo tempo revela a natureza essencialmente perspectivística da própria interpretação. O perspectivismo de Nietzsche – considerado no horizonte de sua filosofia do niilismo europeu – representa, então, o solapamento crítico das bases em que se apoiam as ontologias substancialistas e das pretensões filosóficas de fundamentação em derradeira instância: o mundo, perspectivisticamente considerado, deixa de ser sinônimo do universo das representações de uma consciência para ser uma dimensão constitutiva da própria consciência, e, mais ainda, o âmbito de "acontecência" para o existir humano em sua historicidade. O mundo configura-se como tal na multiplicidade das perspectivas, irredutíveis a uma perspectiva global, omniabrangente e totalitária.

> Se "perspectiva" é o conceito para uma visada (*Sicht*) que permite, a partir de um determinado ponto de vista a ela correspondente (*Standpunkt*) e num certo horizonte, compreender algo como algo, então "interpretação" é o conceito para este compreender perspectivo. Tal como Nietzsche os emprega, ambos os conceitos são paradoxais: que tudo se compreenda numa perspectiva é algo que só podemos constatar (*feststellen*) a partir de uma outra perspectiva, que, por sua vez, só podemos perceber a partir da própria perspectiva; e a interpretação pressupõe algo que é interpretado, e que não conhecemos de fora desta perspectiva. O paradoxo torna-se menos incisivo quando recorremos ao tempo: porque perspectivas e interpretações não são rígidas, mas móveis, deslocam-se continuamente; nós podemos, *no interior* de uma perspectiva, observar as interpretações que com ela se alteram. Nós interpretamos tudo numa perspectiva, mas, ao fazê-lo, experimentamos também como as perspectivas de interpretação deslocam-se e multiplicam-se com o tempo.[1]

---

[1] W. Stegmaier, *Nietzsches Befreiung der Philosophie*. Berlim; Boston: De Gruyter, 2012, pp. 355-356.

Com o perspectivismo, o poder disruptivo da crítica nietzschiana vem a fulminar também a até então indisputada identidade entre a Filosofia e a Europa, entre filosofia grega, ocidental-europeia e a racionalidade humana. Porque **uma** reflexão crítica que se originou, se desenvolveu e se firmou ao longo da história da filosofia, no desdobramento de suas consequências, revela que **a filosofia ocidental** e o tipo de racionalidade lógica nela hegemônico constituem, em realidade e de acordo com os próprios padrões e parâmetros de julgamento, *uma* perspectiva na qual e pela qual o pensamento busca diretrizes de orientação para a vida, possibilidades e condições de existência genuinamente humana no mundo.

No entanto, considerada do ponto de vista de sua história, origem e desenvolvimento, essa perspectiva particular pretendeu confundir-se tanto com **a filosofia** como com **a Europa**, já que a Europa não pode ser adequadamente compreendida senão a partir da própria filosofia e sua história.

Sendo assim, na filosofia de Nietzsche encontra-se a expressão conceitual de uma paradoxal tomada de consciência: "Europa" designa tanto uma perspectiva de mundo quanto um mundo de perspectivas, um universo perspectivístico, considerado a partir da perspectiva crítico-genealógica de Nietzsche. Se "Europa" nomeia para Nietzsche uma grande perspectiva que exibe a multiplicidade das perspectivas legadas pela tradição, então esse ponto de vista, consciente da própria limitação perspectivística, só pode emergir como tal a partir do reconhecimento de sua particularidade – uma vez que só podemos tornar presente uma perspectivação a partir de *outro* ponto de vista, que, por seu turno, só pode ser percebido nesse jogo de alteridade, porém na e a partir da *própria* perspectiva.

Nessas condições, o perspectivismo de Nietzsche nos permite um face a face não apenas com uma filosofia intercultural, mas com uma filosofia da interculturalidade. E com ela apresentam-se novas possibilidades de realização da congênita exigência filosófica de universalidade, inerente à racionalidade ocidental-europeia, assim como de compreensão daquele compromisso originário da filosofia com a verdade e a objetividade do conhecimento. A universalidade como valor, uma pretensão inalienável da razão, deixa, porém, de ser identificada com sua tradicional formulação euroetnocêntrica para asseverar-se enquanto prerrogativa justa e possível unicamente no diálogo plural com a multiplicidade dos mundos culturais e históricos.

E como a razão ocidental – europeia, sob a forma da tecnociência, dos modelos sociopolíticos e econômicos que dela derivam ou que nela se fundam – tinha se ampliado em escala global, a crise **da** filosofia – que se formou e se desenvolveu por razões internas à própria filosofia – coloca a "razão ocidental" (europeia) numa condição de abertura necessária ao encontro e à confrontação com outros universos culturais, outras experiências de mundo, ou melhor, outros e diferentes mundos de experiência. É desse encontro e confrontação que nasce a filosofia intercultural, e com ela um novo continente, uma tarefa nova e urgente para o pensamento filosófico em nossos dias.

Num panorama atual de crise permanente, a Europa e todas as formações sócio-histórico-culturais originárias da Europa são levadas a encontrar e medir-se com a potência da alteridade, com as figuras do Outro, num diálogo firmado em novas bases e sob novas condições. Não que no passado não fossem conhecidas filosofias não europeias; pelo contrário, a filosofia ocidental sempre esteve em contato com outros mundos e modos de aculturação: a egípcia, a persa, a chinesa ou hindu, por exemplo. Mas também com povos e sociedades consideradas totalmente estranhas, de um ponto de vista eurocêntrico, porque "privadas de civilização ou cultura": os aborígenes das Américas, da África ou da Oceania, por exemplo.

"Por certo, sabia-se de outras modalidades de pensamento e de mundos da vida, extraocidentais, mas não se conseguia levá-las *filosoficamente* a sério, como isonômicos parceiros de fala."[2] O que se modifica essencialmente em nossos dias é a abertura e a necessidade de um diálogo entre universos culturais diferentes e heterogêneos, porém mutuamente considerados como interlocutores colocados em posição de isonomia.

> Outras culturas, a saber, extraeuropeias, têm também não somente suas filosofias; com elas, anunciam-se também pretensões que colocam criticamente em questão o predomínio do pensamento ocidental. Vinculados a isso estão não apenas os discursos filosóficos e acadêmicos sobre a relevância e a significação das respectivas filosofias – em que consistem suas variabilidades e invariâncias, por exemplo; decerto e sobretudo, com isso anunciam-se também modalidades totalmente diferentes de compreensão da vida e da existência, tipos de experiência e horizontes de pensamento estabelecidos de maneira inteiramente diversa.[3]

A partir da alteridade vivenciada nesses termos, é possível e mesmo necessário colocar em questão *filosófica e criticamente* as próprias bases filosóficas dos diferentes mundos culturais postos em diálogo e confrontação. Nesse processo, a diferença não é fator impeditivo para uma troca frutífera de experiências, senão que, pelo contrário, a diversidade constitui um elemento

---

[2] G. Stenger, *Philosophie der Interkulturalität. Erfahrung und Welten. Eine phänomenologische Studie.* Freiburg; Munique: Verlag Karl Albert, 2006, p. 13.
[3] *Ibid.*, pp. 19-20.

que induz e fomenta a recíproca fecundação das respectivas condições filosóficas de fundo. Nessa troca e confrontação, cada mundo cultural aparece precisamente enquanto o âmbito simbólico e existencial no qual emergem, na linha da história, as múltiplas, diferentes e cambiantes configurações a que chamamos mundos-da-vida, com suas formas próprias de organização e virtualidades de transformação e desenvolvimento.

É no horizonte da interculturalidade que procuro aproximar, em fecundo diálogo, a genealogia de Nietzsche da antropologia e da filosofia de Eduardo Viveiros de Castro, cujas obras, como *A inconstância da alma selvagem* ou *Metafísicas canibais*, ilustram a possibilidade de um perspectivismo ameríndio da Amazônia brasileira, firmando-se como instanciação extremamente relevante no campo teórico e ético-político de um cruzamento de perspectivas que torna possível uma compreensão ampliada tanto de Si-Mesmo quanto do Outro, na troca permanente entre a visada antropológica e a reflexão filosófica.

Numa insólita referência à estética antropofágica de Oswald de Andrade – uma das tentativas mais fecundas de reflexão sobre a história da formação da cultura brasileira –, Viveiros de Castro recorre enfaticamente a Nietzsche, com uma formulação que visa fulminar o logocentrismo dominante na tradição ocidental, no qual também está enredado, em boa medida, seu próprio trabalho científico:

> Nietzsche é o gênio tutelar da antropofagia oswaldiana, o pensador que mostrou que o *logos* é uma espécie degenerada do gênero *phagos* (falar ou comer? a questão de *Alice*). O espírito que "não pode conceber o espírito sem o corpo" – espírito-estômago. A *Genealogia da moral* funda a equação antropologia=antropofagia. Antropofagologia. Única forma de escapar do antropologocentrismo cristão, europeu, modernista. Nietzsche contra Freud e contra Marx, fulminados os dois magistralmente, por Oswald, como meras contrafaces, respectivamente, do cristianismo e do capitalismo. O que não os faz deixar de terem seus usos para Oswald. Desde que despidos por Nietzsche e pelos Tupinambá. Assim como Deleuze falava em imaginar-se um "Hegel *filosoficamente* barbudo", Oswald imagina um Nietzsche *antropofagicamente* nu, de cocar e tacape, devorando alegremente um inimigo "sagrado" – isto é, o inimigo como positividade transcendental, não como mera facticidade negativa a serviço da afirmação de uma Identidade, um não Eu que me serve para definir-me como um Eu.[4]

É no mesmo sentido que considero que *A queda do céu: palavras de um xamã yanomami*[5] demarca um acontecimento científico da maior importância

---

[4] E. Viveiros de Castro, "*Que temos nós com isso?*", in: B. Azevedo, *Antropofagia. Palimpsesto selvagem*. São Paulo: Cosac & Naify, 2016, p. 15.
[5] D. Kopenawa, e B. Albert, *A queda do céu. Palavras de um xamã yanomami*. Trad. bras. Beatriz Perrone-Moisés. São Paulo: Companhia das Letras, 2010.

para a filosofia no Brasil, e para a interpretação desse acontecimento valho-me, em grande medida, das teses antropológicas e filosófico-etnográficas de Viveiros de Castro. Considero que o livro *A queda do Céu* como um feito que obtém pleno êxito enquanto recusa consequente do "etnocentrismo subliminar" vigente na antropologia tradicional, marcada pela "secular ambivalência dos estereótipos europeus do Selvagem, ora edênico, ora sanguinário".[6]

Esse livro não apenas devolve a plenitude da palavra ao xamã yanomami, como também desbanca a soberba etnográfica euroetnocêntrica, ao se realizar como um trânsito permanente entre dois mundos culturais. Este é um feito que, por certo, demandará tempo até ser produtivamente assimilado pelas ciências sociais, e cuja reflexão se impõe como uma tarefa incontornável para a filosofia brasileira. Nas palavras do antropólogo Eduardo Viveiros de Castro – ele mesmo autor de uma contribuição inestimável para uma filosofia da interculturalidade –,[7] *A queda do céu* é a primeira tentativa consequente de *contra-antropologia* como um cruzamento experimental de perspectivas, do qual emerge uma cosmologia, uma teologia, uma ontologia e mesmo antropologia próprias da cultura ameríndia, perfazendo uma crítica sólida e consistente das crenças mais arraigadas da cultura dos brancos – isto é, de nossa civilização ocidental e sua congênita destrutividade.

Pode-se compreender a fenomenologia perspectivística dos indígenas da Amazônia e do Brasil central presente nos trabalhos antropológicos de Eduardo Viveiros de Castro como resultado de pesquisas desenvolvidas nesse mesmo espírito, com fecundas consequências e notável profundidade. Nos quadros do perspectivismo ameríndio descritos por Viveiros de Castro, os animais veem da mesma forma que os humanos (veem um "mundo"), mas também o fazem de modo diferente dos humanos precisamente porque seus corpos são diferentes de nossos corpos, e isso não apenas de um ponto de vista da morfologia anatômica nem de diferenças fisiológicas. O modo de constituição diversa dos corpos é signo de capacidades e potências de afecção diferentes – um corpo se identifica e diferencia dos outros por seu regime mais ou menos estável de afecções e capacidades.

---

[6] As duas expressões são retiradas do *Postscriptum: quando um é o outro (e vice-versa)*, de autoria de Bruce Albert, in: D. Kopenawa e B. Albert, *A queda do céu: palavras de um xamã yanomami*, trad. bras. Beatriz Perrone-Moisés. São Paulo: Companhia das Letras, 2015, pp. 515 e 516.
[7] Cf. E. Viveiros de Castro, *Metafísicas canibais. Elementos para uma antropologia pós-estrutural*. São Paulo: Cosac & Naify, 2015; E. Viveiros de Castro, *A inconstância da alma selvagem – e outros ensaios de antropologia*. São Paulo: Cosac & Naify, 2002.

Nesse processo, a pluralidade cultural oferece-se como um elemento que induz e fomenta a recíproca frutificação dos respectivos contextos. No intercâmbio e na confrontação, cada mundo ou universo cultural aparece justamente como o âmbito simbólico e existencial no qual, ao longo do desenvolvimento histórico, surgem e se modificam formações culturais distintas, plurais, que podemos denominar adequadamente como "mundos da vida", com suas formas peculiares de organização, suas próprias forças de transformação e desenvolvimento.

No caso de *A queda do céu*, o "pacto etnográfico" firmado pelos autores é levado a efeito a partir de uma perspectiva de "rigorosa vigilância epistemológica e ética", alicerçada em "três imperativos indissociáveis" que orientaram o trabalho etnobiográfico no qual se empenharam Kopenawa e Albert, e que colocam o antropólogo na posição de um tradutor "benevolente". O primeiro imperativo consiste no empenho escrupuloso para fazer justiça à imaginação conceitual dos interlocutores indígenas; o segundo, levar em conta com todo o rigor o contexto sociopolítico, local e global, com o qual sua sociedade está confrontada; e, por fim, manter um olhar crítico sobre o quadro da pesquisa etnográfica em si.[8]

Trata-se, portanto, de um minucioso esforço de reeducação do antropólogo, transformado em intérprete a serviço de uma causa, para abrir uma brecha no muro que separa os universos culturais, tornando possível a criação, no corpo do texto, de uma "identidade compartilhada", na qual os dois autores do livro convivem na atmosfera comum de um mesmo "Eu" recriado num regime de identificações cruzadas, nascido das trocas permanentes entre o eu que narra e o eu que escreve:

> O pacto tácito [...] assume uma forma complexa, de ambos os lados da relação etnográfica, e implica responsabilidades muito mais sérias para o etnólogo. Para seus interlocutores, trata-se de engajar-se num processo de auto-objetivação pelo prisma da observação etnográfica, mas de um modo que lhe permita adquirir ao mesmo tempo reconhecimento e cidadania no mundo opaco e virulento que se esforça por sujeitá-los. Para o etnógrafo, em compensação, trata-se de assumir com lealdade um papel político e simbólico de *truchement*[9] às avessas,

---

[8] D. Kopenawa e B. Albert, *A queda do céu*, op. cit., p. 520.
[9] "A palavra *truchement* (turgimão, em português) designava, no século XVI, no tempo da França Antártica na Guanabara, os 'rapazes deixados, voluntariamente ou não, nas aldeias dos Tupinambá e outras etnias aliadas aos franceses, para aprender a língua e servir de intermediários nas negociações (comerciais, diplomáticas etc.) entre colonos e indígenas'". D. Kopenawa e B. Albert, *A queda do céu*, op. cit., p. 522.

à altura da dívida de conhecimento que contraiu, mas sem por isso abrir mão da singularidade de sua própria curiosidade intelectual (da qual dependem, em grande parte, a qualidade e a eficácia de sua mediação).[10]

O mundo virulento e opaco a que a citação faz referência é o "mundo dos brancos", experimentado como a "sociedade da mercadoria", com sua economia industrial, baseada em energia fóssil, na ciência e na técnica, na exploração e no ilimitado e sempre crescente consumo de espaço, tempo e matérias-primas – enfim, no tipo de racionalidade que, globalmente dominante, se transformou de prometeica em vulcânica, com sua titânica potência de destruição. Uma devastação orquestrada justamente pela civilização que se autoidolatra como primícias do intelecto humano: aquela que, liberta de toda superstição, medo e ignorância, livre dos entraves do "animismo primitivo", presta um culto aos demiurgos do progresso, aqueles mesmos que, na conjuração formada pelo Capital, pelo Estado, pelo Mercado e pela Tecnociência, operam a impiedosa erosão das próprias condições de existência.

> O diagnóstico e o prognóstico contidos em *A queda do céu* não concernem apenas aos brasileiros. Neste momento, assistimos a uma mudança do equilíbrio termodinâmico global sem precedentes nos últimos 11 mil anos da história do planeta, e, associada a ela, uma inquietação geopolítica inédita na história humana – se não em intensidade (ainda), certamente em extensão, na medida em que ela afeta literalmente "todo (o) mundo". Neste momento, portanto, nada mais apropriado que venha dos cafundós do mundo, dessa Amazônia indígena que ainda vai resistindo, mesmo combalida, a sucessivos assaltos; que venha, então, dos Yanomami, uma mensagem, uma profecia, um recado da mata alertando para a traição que estamos cometendo contra nossos conterrâneos – nossos co-terranos, nossos co-viventes –, assim como contra as próximas gerações humanas; contra nós mesmos, portanto.[11]

Este implícito acordo etnográfico *sui generis*, que é também a performance de um pacto xamânico entre o antropólogo e o indígena yanomami, é fruto de um encontro e de uma recíproca fecundação de perspectivas, de mundos de experiência e espaços do acontecer humano. Ele é também um exercício concreto de interculturalismo, um compromisso de respeito para com a alteridade e a diferença. Ele é como que a abertura de uma fenda no muro que separa a cultura europeia-ocidental – que gerou a cientificidade da etnologia de Albert – da metafísica e espiritualidade xamânica de Kopenawa: um trânsito permanente entre dois universos culturais, um deslocamento de perspectivas a partir de um eixo nômade e esvaziado, que é o do xama-

---

[10] *Ibid.*
[11] E. Viveiros de Castro, *O recado da mata* in: D. Kopenawa e B. Albert, *A queda do céu, op. cit*, p. 23.

nismo. Nesse sentido, a interculturalidade consiste na deposição do monolinguismo monádico pelo nomadismo metodológico, que torna possível a mobilidade e a dança das perspectivas, aquele jogo que Nietzsche considerava como o autêntico sentido do conceito de objetividade científica.

Para que uma troca dessa natureza tenha podido ocorrer, foi antes de tudo necessária a renúncia consciente ao absolutismo eurocêntrico e ao imperialismo cultural do Ocidente – essa tirania dos "brancos", o povo da mercadoria. Inaudito em *A queda do céu* é o cuidado com a persistência da alteridade, com a manutenção da diferença enquanto elemento capaz de renovar e fecundar as diferentes tradições que se confrontam a partir do reconhecimento de uma gênese comum narrada pelo mito. Brancos e Yanomamis descendem de um mesmo tronco, mas são irredutivelmente diferentes e opostos em suas formas de vida, em seus modos de ver e estruturar o mundo e regular seu metabolismo com ele.

E é justamente quando o encontro entre as mesmas formas de vida que as torna capazes de abandonar o solipsismo (que as condena ao isolamento hipernarcísico) que tais tradições podem negociar – com as limitações e imperfeições de cada uma delas, inevitáveis nesse tipo de relacionamento – as respectivas diferenças interculturais, tornando possível uma tradução em mutualidade das respectivas tradições, ainda que talvez sobre o pano de fundo de uma eventual incompatibilidade metafísica e antropológica que pode, entretanto, transmutar-se em esforço compartilhado para pôr fim à espiral de destruição que, como catástrofe, ameaça devastar material e espiritualmente ambas as culturas.

Neste dificultoso mas produtivo face-a-face, cada mundo cultural aparece precisamente enquanto âmbito simbólico e existencial no qual emergem, na linha da história, formas de vida, com seus modos próprios de organização e virtualidades de transformação e desenvolvimento, portanto, "mundos da vida", de maneira que "o mundo" pode ser compreendido como οἶκος, o habitar humano na terra; e por isso também como um λόγος, em sentido ampliado, como espaço apofântico do verbo, da fala, do pensamento, do acontecer po(i)eticamente humano, em sua dimensão ética e política. Escreve Viveiros de Castro:

> Talvez seja mesmo chegada a hora de concluir que vivemos o fim de *uma* história; aquela do Ocidente, a história de um mundo partilhado e imperialmente apropri-

ado pelas potências europeias, suas antigas colônias americanas e seus êmulos asiáticos contemporâneos. Caberá a nós portanto constatar, e tirar daí as devidas consequências, que o *"nacional não existe mais, só há o local e o mundial"*.[12]

Essa mudança fundamental no plano da cultura e de nossa forma de vida faz-se sentir de modo pregnante num âmbito histórico e sociopolítico talvez insuspeitado, mesmo pelo filósofo da suspeita Friedrich Nietzsche, e que, trazendo à tona uma nova sensibilidade e novos modos de percepção, situa a questão da identidade cultural na chave do espaço aberto entre tarefa e destinamento. Refiro-me à abertura intercultural, acolhedora e corajosa, manifestada, a partir da matriz europeia representada pela Sé de Roma, na Pastoral Indígena sob direção do papa Francisco. Para constatação, é oportuno reproduzir suas próprias palavras, dirigidas recentemente a povos indígenas da América do Sul:

> Considero imprescindível fazer esforços para gerar espaços institucionais de respeito, reconhecimento e diálogo com os povos nativos, assumindo e resgatando a cultura, a linguagem, as tradições, os direitos e a espiritualidade que lhes são próprios. Um diálogo intercultural no qual sejais "os principais interlocutores, especialmente quando se avança com grandes projetos que afetam os [vossos] espaços". O reconhecimento e o diálogo serão o melhor caminho para transformar as velhas relações marcadas pela exclusão e a discriminação.[13]

Essa nova maneira de pensar e sentir emanadas da Pastoral Indígena de Francisco se coaduna plenamente com a "busca de um compromisso que atenue, na atual medida do possível (isto é, enquanto não surjam autoetnografias e uma literatura yanomami), a relação hierárquica inerente à 'situação etnográfica' e à produção da escrita que dela decorre".[14] Justamente no ápice da crise ecológica fomentada pela dinâmica do progresso tecnológico autonomizado e pela avidez insaciável de um capitalismo predatório, que ameaça transformar toda utopia em catástrofe e levar a cabo a devastadora pilhagem dos recursos e energias do planeta Terra, a Pastoral Indígena adverte para a perda de domínio sobre nossas próprias ações, para a necessidade de resgate do

---

[12] E. Viveiros de Castro, *Prefácio. O recado da mata*, in: D. Kopenawa e B. Albert, *A queda do céu*, op. cit., p. 17.
[13] Papa Francisco. Discurso proferido no Encontro com os Povos da Amazônia em Puerto Maldonado – Coliseu Madre de Dios, sexta-feira, 19 de jan. 2018. Disponível em: https://www.vatican.va/content/francesco/pt/speeches/2018/january/documents/papa-francesco_20180119_peru-puertomaldonado-popoliamazzonia.html#_ftn1.
[14] D. Kopenawa e B. Albert, *A queda do céu*, op. cit, p. 536.

domínio de si como autarquia (αυταρχία), na autêntica tradição da filosofia ocidental – isto é, para uma sinistra figura de impotência – e para os perigos de uma sujeição irrestrita aos imperativos da racionalidade instrumental.

> A visão consumista do ser humano, incentivada pelos mecanismos da economia globalizada atual, tende a homogeneizar as culturas e a debilitar a imensa variedade cultural, que é um tesouro da humanidade. Por isso, pretender resolver todas as dificuldades através de normativas uniformes ou por intervenções técnicas leva a negligenciar a complexidade das problemáticas locais, que requerem a participação activa dos habitantes. Assim como a vida e o mundo são dinâmicos, assim também o cuidado do mundo deve ser flexível e dinâmico. As soluções meramente técnicas correm o risco de tomar em consideração sintomas que não correspondem às problemáticas mais profundas. É preciso assumir a perspectiva dos direitos dos povos e das culturas, dando assim provas de compreender que o desenvolvimento de um grupo social supõe um processo histórico no âmbito de um contexto cultural e requer constantemente o protagonismo dos atores sociais locais *a partir da sua própria cultura*.[15]

Na perspectiva do sumo pontífice da Igreja Católica, é imprescindível respeitar e ouvir as comunidades aborígenes com as suas próprias tradições culturais, na condição de interlocutores especialmente qualificados para a discussão dos grandes empreendimentos econômico-políticos que afetam os seus espaços originários de existência, respeitando sua identidade e os seus valores. O pacto etnográfico representado pela *A queda do céu* e a Pastoral Indígena do papa Francisco parecem responder a essa premonição de Nietzsche de que Europa é, por certo, o nome de uma perspectiva cultural, mas também de uma matriz cultural de imensa fecundidade. Eurocêntrico é um ideal de universalização que se colocou historicamente na base do processo de globalização pelo mercado, cuja extensão atual domina o planeta. Mas é da autoconsciência dessa ideologia, na qual a autocrítica da Europa se perfaz no confronto afirmativo com sua alteridade, que se pode fortalecer o impulso de um contramovimento no sentido de uma redefinição do universal. É o que também encontramos na crítica radical de Bruno Latour:

> A Europa está sozinha, é verdade, mas é somente ela que pode resgatar o fio de sua própria história. E isso justamente porque ela conheceu agosto de 2014, arrastando consigo o resto do mundo. Contra a globalização, mas também contra o retorno às fronteiras nacionais e étnicas. Os defeitos da Europa são também suas qualidades. Ser um velho continente, quando falamos de geração e não apenas de produção, é uma vantagem, não mais um inconveniente. Isso nos permite retomar a questão da transmissão. Nutrir a esperança de passar do moderno ao *contemporâneo*. Chamam de burocrática essa Europa repleta de regulamentos e acordos, a Europa

---

[15] Papa Francisco. Carta encíclica *Laudato Si'*: sobre a casa comum, n. 144.

"de Bruxelas". No entanto, como invenção jurídica, ela oferece uma das respostas mais interessantes à ideia, hoje novamente difundida em toda parte, segundo a qual apenas o Estado-nação pode proteger os povos ao garantir sua segurança.[16]

Concluo, enfim, com uma passagem extraída de um ícone da mais rigorosa *école française d'anthropologie*: Claude Lévi-Strauss, a justo título o autor de uma das epígrafes de *A queda do céu*:

> Antes mesmo da chegada dos brancos, a mitologia ameríndia dispunha de esquemas ideológicos nos quais o lugar dos invasores parecia estar reservado: dois pedaços de humanidade, oriundos da mesma criação, se juntavam, para o bem e para o mal. Essa solidariedade de origem se transforma, de modo comovente, em solidariedade de destino, na boca das vítimas mais recentes da conquista, cujo extermínio prossegue, neste exato momento, diante de nós. O xamã yanomami – cujo testemunho pode ser lido adiante – não dissocia a sina de seu povo da do restante da humanidade. Não são apenas os índios, mas também os brancos, que estão ameaçados pela cobiça de ouro e pelas epidemias introduzidas por estes últimos. Todos serão arrastados pela mesma catástrofe, a não ser que se compreenda que o respeito pelo outro é a condição de sobrevivência de cada um.[17]

Outras oportunidades para um produtivo e incontornável diálogo intercultural com o legado filosófico do perspectivismo em Nietzsche são ensejadas por obras de autores indígenas brasileiros como, por exemplo, Ailton Krenak e Daniel Munduruku, que também dialogam com os trabalhos de Bruce Albert e Davi Kopenawa e de Viveiros de Castro. Neste contexto, é necessário mencionar ainda o trabalho científico em comum feito pelo líder indígena Álvaro Tucano e o antropólogo da Universidade de Brasília José Jorge de Carvalho, significativamente próximo da parceria entre Bruce Albert e Davi Kopenawa.

Num momento histórico em que o estatuto da Amazônia torna-se uma questão e um problema crucial para o futuro da humanidade e o destino do planeta, os trabalhos antropológicos acima mencionados articulam vozes assinaladas, que abrem novas perspectivas para a tarefa da filosofia em nossos dias – e também para missão histórica que cabe ao Brasil na promoção de uma *filosofia da interculturalidade*.

---

[16] B. Latour, *Onde aterrar?*, trad. bras. Marcela Vieira, Rio de Janeiro: Bazar do Tempo, 2020, pp. 92-93.

[17] C. Lévi-Strauss, apud: D. Kopenawa e B. Albert, *A queda do céu, op. cit.* Texto de apresentação.

## Bibliografia

KOPENAWA, D. e ALBERT, B. *La Chute du Ciel. Paroles d'un Chaman Yanomami*. Paris: Terre Humaine; Plon, 2014.

_____. *A queda do céu: palavras de um xamã yanomami*. São Paulo: Companhia das Letras, 2010.

NIETZSCHE, F. *SämtlicheWerke*. Kritische Studienausgabe (KSA). Org. G. Colli e M. Montinari. Berlim; Nova York: de Gruyter; DTV. 1980.

STEGMAIER, W. *Nietzsches "Genealogie der Moral"*. Darmstadt: Wissenschaftliche Buchgesellschaft (BWG), 1994.

_____. *Nietzsches Befreiung der Philosophie*. Berlim; Boston: De Gruyter, 2012.

_____. *Orientierung im Nihilismus – Luhmann meets Nietzsche*. Berlim, Boston: De Gruyter, 2016

STENGER, G. *Philosophie der Interkulturalität*. Freiburg; Munique: Verlag Karl Alber, 2006.

TONGEREN, P. v. "Nietzsche's Challenging Diagnosis" in: SINEOKAYA, Y. e POLJAKOVA, E. *Friedrich Nietzsche. Legacy and Prospects*. Moscou: LRC Publishing House, 2017.

_____. *Friedrich Nietzsche and European Nihilism*. New Castle upon Tyne: Cambridge Scholars Publishing, 2018.

VIVEIROS DE CASTRO, E. *L'Inconstance de l'âme sauvage. Catholiques et Cannibales dans le Brésil du XVIe siècle*. Genebra: Labor et Fides, 2020.

_____. *Métaphysiques Cannibales*. Paris: PUF, 2009.

_____. *Metafísicas canibais*. São Paulo: Cosac & Naify, 2015.

# 6 |
# Gramática, ontologia e metafísica

Pretendo abordar o tema da relação entre gramática e ontologia sob o prisma da relação entre linguagem e perspectivismo, tal como se enuncia na filosofia tardia de Nietzsche, em que o sintagma "perspectiva" designa o campo de visão descerrado entre um ponto de vista e um horizonte de compreensão. É no espaço aberto por uma perspectiva (ou perspectivas) que se apresentam possibilidades e se concretizam formações de mundo – espaço que é também o âmbito de sentido a ser sempre pronunciado por um interpretante. Por essa razão, o conceito de interpretação é o correspondente necessário de toda perspectiva, pela qual a infinita multiplicidade que vem à luz no horizonte do mundo requisita a palavra para desvelamento de seu ser e enunciação de seu sentido.

> Que tudo se compreenda numa perspectiva é algo que só podemos constatar (*feststellen*) a partir de uma outra perspectiva, que, por sua vez, só podemos perceber a partir da própria perspectiva; e a interpretação pressupõe algo que é interpretado, e que não conhecemos de fora desta perspectiva.[1]

O perspectivismo pode ser interpretado como um dos mais importantes resultados da crítica genealógica de Nietzsche à metafísica, em decorrência da qual a racionalidade lógica imperante na história da filosofia ocidental é levada a extrair a derradeira consequência do núcleo racional de seus próprios valores. Considerada a partir deste vértice, toda problemática do perspectivismo pode ser mais bem compreendida, em sua extensão e profundidade, a partir de sua inserção no horizonte filosófico da história do "niilismo europeu" – como uma das modalidades de compreensão do processo de perempção dos valores cardinais da cultura ocidental, sejam eles valores lógicos, epistêmicos ou normativos.

---

[1] W. Stegmaier, *Nietzsches Befreiung der Philosophie*. Berlim; Boston: De Gruyter, 2012, pp. 355-356.

Para Nietzsche, é impossível ao pensamento filosófico da modernidade furtar-se a esta crise radical, gestada em suas próprias entranhas. Na culminância deste processo disruptivo, as pretensões de verdade, universalidade e validade objetiva do conhecimento racional são remetidas à ilimitada profusão de perspectivas múltiplas, plurais e irredutíveis a uma unidade integradora. Mesmo a oposição entre um mundo aparente e um mundo verdadeiro torna-se insubsistente, a partir da revelação de sua origem em puras ficções. Perspectivas são vetores de sentido para diferentes experiências de mundo e formas de vida; elas se enraízam no corpo, e com isso no âmbito plural e multiforme de nossas carências, necessidades, paixões e afetos: "São nossas carências que interpretam o mundo: nossos impulsos e seus prós e contras. Todo impulso é uma espécie de ânsia de domínio, cada um tem sua perspectiva, que ele desejaria impor a todos os demais como norma".[2]

O perspectivismo está ligado, portanto, a uma dimensão marcadamente hermenêutica da filosofia madura de Nietzsche, na qual se insere como um dispositivo teórico fundamental tanto da estética e da epistemologia nietzschiana quanto de sua crítica genealógica dos ideais ascéticos e do dogmatismo em suas variantes filosóficas e científicas. Com o perspectivismo, firma-se a noção nietzschiana da infinita interpretabilidade do mundo, uma compreensão segundo a qual "não existem fatos, mas apenas interpretações".

> [...] o mundo, desconsideração feita de nossa condição de viver nele, o mundo que não tivéssemos reduzido ao nosso ser, à nossa lógica e aos preconceitos psicológicos, não existe como mundo "em si"; ele é essencialmente um mundo-de-relações: a partir de cada ponto, ele tem, sob certas circunstâncias, seu rosto (*Gesicht*) diferente: em cada ponto seu ser é essencialmente outro: ele pressiona em todo e cada ponto, e em todo e cada ponto há resistência – e estas somas são em todo caso inteiramente incongruentes.[3]

Ao conceito fundamental de vontade de poder corresponde, então, uma problematização das condições de possibilidade do conhecimento de acordo com a qual as múltiplas interpretações confrontam-se agonisticamente, procurando afirmar-se a partir dos seus respectivos pontos de vista, que são essencialmente perspectivas. Isto não implica, no entanto, num relativismo de indiferença, que igualasse e legitimasse todas e quaisquer perspectivas, tornando impossível sua avaliação diferencial. A respeito disso, a lição de Volker Gerhardt é exemplar:

---

[2] F. Nietzsche, Apontamento Inédito de 1886, n. 7 [60]. In: KSA, v. 12, p. 315.
[3] *Id.*, Apontamento Inédito de 1887, n. 14 [73]. In: KSA, v. 13, p. 271.

A negação por Nietzsche da verdade não impugna a possível correção de uma asserção ou a formal ausência de contradição de uma afirmação. Seria absurdo pôr em dúvida que alguém fala, na medida em que fala, ou que se contradiz, quando ele faz isso. Observações sobre juízos podem decerto, também segundo Nietzsche, valer como "verdadeiras" ou "falsas". Porém, a partir de uma sentença verdadeira desta espécie não se pode derivar a existência da "verdade", tampouco quanto a partir da correta observação "Chegará a hora!" (*Es wird Zeit*) se pode decidir alguma coisa, talvez o ser do "tempo", ou o "tornar-se" do tempo. Segundo Nietzsche, porém, sobre tais derivações se baseia toda a filosofia desde Platão. Ela anda na cola da sedução pelas palavras e faz da duração temporal vivida o "tempo" e a "eternidade". Do vocábulo "é" ela distila o "Ser", e do "não", o "Não". Enquanto aos filósofos acreditam se consagrar a um supremo serviço do conhecimento verdadeiro, eles apenas cumprem os rituais de uma "crença na gramática". A crítica de Nietzsche à verdade não se dirige à correção da experiência prática de vida, também não contra os resultados da ciência, mas somente contra a crença em sua significação absoluta.[4]

Como reconhece Volker Gerhardt, o perspectivismo de Nietzsche não implica numa recusa absoluta do conhecimento científico, nem mesmo da "verdade" ou das exigências linguístico-pragmáticas indispensáveis para a realização das experiências e vínculos que possibilitam a vida em sociedade. Sua crítica perspectivística da verdade como crença num valor absoluto e metafísico – desvinculado de condições históricas de existência – abre, antes, um horizonte de possibilidades para uma concepção original e mais abrangente para conceitos tradicionais da história da filosofia, como aqueles de universalidade e objetividade do conhecimento.

Para dar sustentação a este ponto de vista, tomo de partida, como base de apoio, o conhecido aforismo 20 de *Além do bem e do mal*:

> A admirável semelhança de família de todo o filosofar indiano, grego e alemão explica-se de modo suficientemente simples. Precisamente onde há parentesco linguístico é de todo inevitável que graças à comum filosofia da gramática – quero dizer, graças ao domínio e direção inconsciente das mesmas funções gramaticais –, tudo esteja predisposto para um desenvolvimento e uma sequência semelhante dos sistemas filosóficos, assim como o caminho aparece como que impedido para certas outras possibilidades de interpretação do mundo. Filósofos do âmbito linguístico uralo-altaico (no qual a noção do sujeito é a mais mal desenvolvida) com a maior verossimilhança olharão "o mundo" de maneira diversa, e se acharão em trilhas diferentes das dos indo-germanos ou muçulmanos.[5]

---

[4] Gerhardt, V. *Pathos und Distanz. Studien zur Philosophie Friedrich Nietzsches*. Stuttgart. Philipp Reclam Verlag, 1988, p. 16 s.
[5] F. Nietzsche, *Jenseits von Gut und Böse*, KSA, v. 5, p. 34-35.

Neste contexto, "o mundo" resolve-se, então, em perspectivas: o âmbito do mundo é demarcado pelo espaço e o horizonte histórico das experiências fundamentais, como o âmbito das condições de possibilidade para a existência humana, sempre situadas no interior de diferentes contextos e modos de condicionamento tanto histórico-linguísticos quanto espaço-temporais. Em termos nietzschianos, a filosofia, tal como a conhecemos ao longo da história ocidental-europeia, é um gênero de conhecimento que preenche sempre um certo horizonte básico de condições de possibilidade teóricas e práticas, delineadas a partir de um *"esquema fundamental de filosofias possíveis"*.

> Os conceitos filosóficos individuais não são algo fortuito e que se desenvolve por si, mas crescem em relação e parentesco um com o outro; embora surjam de modo aparentemente repentino e arbitrário na história do pensamento, não deixam de pertencer a um sistema, assim como os membros da fauna de uma região terrestre – tudo isso se confirma também pelo fato de os mais diversos filósofos preencherem repetidamente um certo esquema básico de filosofias *possíveis*. À mercê de um encanto invisível, tornam a descrever sempre a mesma órbita: embora se sintam independentes uns dos outros com sua vontade crítica ou sistemática, algo neles os conduz, alguma coisa os impele numa ordem definida, um após o outro.[6]

As metáforas são aqui provocações intensamente significativas: o pensamento filosófico é aproximado do campo da história natural, da fauna, do espaço e do tempo de determinadas regiões da Terra, e o curso de seu desenvolvimento é comparado com a órbita planetária, vista pela ótica de uma mecânica celeste. No mesmo sentido, o "esquema fundamental de filosofias possíveis" é remetido a um "encanto invisível" (*insichtbarer Bann*), a uma espécie de sortilégio, que é tanto feitiço quanto coerção, exercido por uma "inata e sistemática afinidade" entre conceitos. Esta, por sua vez, é derivada do parentesco de família entre tais conceitos, parentesco radicado em funções lógico-gramaticais próprias de uma determinada matriz linguística. Nesse sentido, "o sortilégio exercido por determinadas funções gramaticais é, em última instância, o sortilégio de juízos de valor e condições raciais *fisiológicas*".[7]

Ao invés de escandalizar-se com a referência a "condições raciais" e "fisiologia", uma interpretação intercultural desta passagem permite apreender justamente o elemento de histórico que, segundo o texto de Nietzsche, orienta o processo civilizatório. Com efeito, ao referir-se, na conclusão

---

[6] Nietzsche, F. *Além do bem e mal*. Trad. Paulo César de Souza. São Paulo: Companhia das Letras, 2005, p. 24.
[7] Nietzsche, F. *Jenseits von gut und Böse*. In: *Sämtliche Werke*. Kritische Studienausgabe. Org. G. Colli; M. Montinari. Berlim; Nova York; München: De Gruyter, DTV. 1980. v. 5, p. 34 s.

do aforismo citado, à "superficialidade de Locke" quanto à origem das ideias, Nietzsche pretende trazer à luz a complexidade no trânsito entre impressões sensíveis e formações mentais: entre a fisiologia e o psiquismo existe a mediação da experiência, lastreada em funções gramaticais, em estruturas lógico-linguisticas que informam a práxis e tem suas raízes na história dos povos e etnias. Como percebeu com acuidade Gerd Schank,[8] não há racismo, em estrito sentido biológico, na obra de Nietzsche.

Seu perspectivismo abre-se, ao invés disso, para a consideração pragmática – e essencialmente histórico-linguística, de envolvimento com o meio-ambiente e, sobretudo, uma referência essencial à linguagem – e para seu papel constituinte na determinação das trocas materiais e simbólicas a partir das quais se organizam as sociedades humanas, de suas relações estruturais e modos de desenvolvimento cultural.

> Dado que somos herdeiros de gerações de homens que viveram sob as *mais diferentes* condições de existência, contemos *em nós* uma *multiplicidade de instintos*. Quem se tem por "veraz", é provavelmente um asno ou um enganador. A diferença dos caracteres animais: na média, um *caráter é consequência de um milieu - um papel* (*Rolle*) *firmemente impregnado*, em virtude do qual certos *facta* são sempre de novo *sublinhados* e *reforçados*. Na longa sequência (*Auf die Länge hin*) surge assim *raça*: isto é, suposto que o meio ambiente não se altere. Na mudança dos meio-ambientes acontece um *vir-à-tona* de *todas* as características e propriedades *em geral* mais úteis e empregáveis – ou um sucumbir. Isso se mostra como força de assimilação também nas mais desfavoráveis condições, ao mesmo tempo, porém, como tensão, previsão, falta a beleza na figura. O europeu como uma tal *Über-Rasse* (Sobre-Raça). Da mesma maneira o judeu é, por fim, uma espécie *dominante*, mesmo que muito diferente das simples raças dominantes antigas, que não alteraram seu meio-ambiente. Por toda parte isso começa pela *coação* (*Zwang*) (quando um povo chega a uma paisagem/território [*Landschaft*]). A natureza, as estações do ano, o calor, o frio, etc; tudo isso é primeiramente um elemento *tirânico*. Aos poucos, amolece o sentimento de ser coagido.[9]

Uma contribuição importante para o esclarecimento desta questão pode ser encontrada também num ensaio de autoria de Christoph Türcke, no qual o autor se refere a um *"naturwüchsigen Fundus in aller Grammatik"* – um fundo originário, informe, brotado da natureza, subjacente a toda gramática:

---

[8] G. Schank, *'Rasse' und 'Züchtung' bei Nietzsche*. Berlim; Nova York: Walter de Gruyter, 2000.
[9] F. Nietzsche, Fragmento Inédito n. 25 [462], da primavera de 1884. In: *Sämtliche Werke. Kritische Studienausgabe* (*KSA*). Org. G. Colli; M. Montinari. Berlim; Nova York; München: De Gruyter; DTV. 1980, v. 11, p. 136.

> Os primórdios da formação sonora humana (*Lautformung*), da significação das palavras (*Wortbedeutung*) e da formação de sentenças (*Satzbildung*), que constituem este *fundus*, foram reações significantes ao entorno de forças naturais sobre-humanas (*übermächtiger Naturgewalten*). Por meio de nomeações, eles tentaram lidar com esta hiperpotência, e, no entanto, jamais a ultrapassaram sem também dar a ela um eco, e sem promover sonoramente sua tradução (*Übersetzung*) em rituais, costumes e usos. Poder social (*soziale Gewalt*) é violência da natureza (*Naturgewalt*) transformada, daí que o *fundus* natural-originário da linguagem nunca é livre de violência e arbítrio. Ao invés disso, ele é antes o solo pragmático e pré-lógico de toda gramática e lógica. Por causa disso, as linguagens não são constructos aleatórios, reconstruíveis a bel prazer. Seu solo natural deixa-se cultivar e humanizar um pouco mais, mas não simplesmente ser trocado (*auswechseln*).[10]

É este fundo originário, no qual se enraíza a formação lingüística e pré-histórica humana, o chão pragmático do qual brota toda gramática e lógica – o elemento de onde emerge o *logos* enunciativo humano – se confunde com os primódios de povos e etnias, cuja reconstituição genealógica remete aos tempos primevos do espírito, com os quais só a potência da ficção heurística permite uma ainda uma reconexão.

Tais considerações ilustram, no espírito da letra nietzschiana, como a origem das ideias e das palavras que as designam faz remissão a um tal *fundus*, no qual natureza e cultura tornam-se indistinguíveis, e, por conseguinte, como a pré-história de povos e etnias, em suas diferenças, semelhanças e contrastes, pode ser parcialmente reconstituída a partir das matrizes histórico-linguísticas estabilizadas nas funções gramaticais das línguas históricas que eles "habitam", sintetizadas numa mesma matriz, como o hindo-germânico ou o uralo-altaico, para permanecer nos exemplos oferecidos pelo texto de Nietzsche.

É à luz desta ampliação do campo de experiências que tenho examinado a abertura necessariamente intercultural do perspectivismo de Nietzsche. Em especial, interessa-me no presente contexto uma aproximação reflexiva com o curioso parêntesis, estrategicamente inserido no parágrafo 27 da terceira dissertação de *Genealogia da moral* – um texto dedicado à reconstituição da história de proveniência do niilismo europeu: "(O mesmo desenvolvimento na Índia, em completa independência, e por isso com algum valor de prova; o

---

[10] C. Türcke, *Quote, Rasse, Gender(n). Demokratisierung auf Abwegen*. Springe: Zu Klampen Verlag, 2021, p. 96.

mesmo ideal levando ao mesmo fim; o ponto decisivo alcançado cinco séculos antes do calendário europeu, com Buda; mais precisamente com a filosofia Sankhya, em seguida popularizada por Buda e transformada em religião)".[11]

A retomada desta passagem, sob a égide do perspectivismo, enseja não apenas um aprofundamento imanente na filosofia de Nietzsche, mas também reforça um argumento que tenho publicado em alguns textos e apresentado em outras oportunidades. Sustento que a obra jusfilosófica e histórico-política de Giorgio Agamben mantém vínculos teóricos fundamentais com a genealogia de Nietzsche, derivando dela alguns de seus mais decisivos *insights*. Em artigo recém-publicado no anuário *Nietzsche-Studien*, examinei como se pode situar a obra de Agamben como um desdobramento da reconstituição genealógica por Nietzsche da escalada do niilismo europeu, feita em chave intercultural.[12]

Neste texto, retomo a temática do perspectivismo de Nietzsche em chave intercultural, aproximando-o de um livro de autoria de Giorgio Agamben intitulado *Karman: breve tratado sobre a ação, a culpa e o gesto*, que é de grande pertinência para o tratamento do tema mencionado. Neste livro o filósofo italiano empreende uma arqueogenealogia da subjetividade à luz das categorias de culpa, do crime e da responsabilidade, tendo como referência básica matrizes linguísticas indo-europeias, sedimentadas na gramática do sânscrito, de cujas análises extrai consequências que são extremamente fecundas, do ponto de vista filosófico, e que ensejam um cruzamento com as posições teóricas de Nietzsche a respeito de gramática, ontologia e cultura – ainda que o próprio Agamben não tenha realizado esta aproximação.

Em *Karman: breve tratado sobre a ação, a culpa e o gesto*, a investigação realizada por Agamben desenvolve-se, também ela, em chave eminentemente intercultural, e remete noções cardinais da moral religiosa, da ética, do direito e da política ocidentais, trazendo à tona suas raízes filológicas, gramaticais e semânticas no sânscrito e na tradição da cultura indo-europeia. Delas Agamben deriva sua problematização das categorias fundamentais da ética ocidental, que articula noções, termos e conceitos significativamente próximos da genealogia de Nietzsche, sobretudo a rede formada pelos conceitos de sujeito, ação, culpa e crime.

---

[11] *Id.*, *Genealogia da moral*. III, 27. Trad. Paulo César de Souza. São Paulo: Companhia das Letras, 1998, p. 147.
[12] Cf. O. Giacoia Jr., "Die Katastrophe der asketischen Ideale in interkultureller Hinsicht. Wissenschaft, Askese und Nihilismus" in GM III 27. In: *Nietzsche-Studien* n. 51, 2022, pp. 1-22.

A proximidade entre Agamben e Nietzsche se atesta menos em função de citações diretas ou remissões explícitas feitas por Agamben ao autor de *Genealogia da moral*, e muito mais em termos de tendências, impulsos, figuras de pensamento e pontos de vista análogos, que levam os dois filósofos a dar elaboração reflexiva às mesmas ou análogas questões.

Nesse sentido, de acordo com uma intuição de Agamben, se a ética e a filosofia prática no Ocidente, de Aristóteles a nossos dias, teve no conceito de ação sua pedra angular, então uma reflexão sobre as condições de surgimento e sobre o significado originário desta categoria axial – a ação – é uma tarefa que se impõe num momento histórico em que a esta mesma categoria, de importância fundamental para a filosofia prática, parece ter chegado ao seu ponto de esgotamento.

Ora, para o cumprimento dessa tarefa o jusfilósofo italiano reconstitui a estreita vinculação entre a ação, a pena e a culpa, numa arqueogenealogia que resgata a história de proveniência do conceito moderno de responsabilidade, feita a partir de uma trama semântica derivada do sânscrito, em sentido muito próximo àquele empreendido pela genealogia de Nietzsche. No caso dos conceitos de imputação, responsabilidade e livre arbítrio, trata-se também para Agamben de um dispositivo (uma *Erfindung*/invenção, em sentido nietzschiano) que torna possível – pela preeminência ética conferida ao conceito de vontade – vincular tanto o agir como suas consequências a um sujeito como agente responsável por sua produção e pelos efeitos dessa ação, para, com isso, poder julgá-lo e condená-lo (em termos ético-morais e jurídicos) como culpado.

Para fundamentação de sua tese, Agamben se vale de uma notável correspondência etimológica entre o termo latino *crimen* e o sânscrito *karman* – ambos com o significado de "obra/opera", boa ou má, cuja raiz encontra-se na correlação semântica formada por *\*kr, kar*, da qual se origina *facere*, que Agamben remete também ao passivo *kriyate*, conservado em *creo*. Dessa mesma fonte, Agamben deriva também *facinus* de *facio*, remetendo também ao sânscrito *âpas* os termos pecado/*peccato* e ato religioso = *apas, opus*.[13] Nesse tipo de derivação filológica, o que interessa principalmente ao pensador italiano é a arqueogenealogia de um processo histórico e cultural ao longo do qual o conceito de vontade – que era praticamente desconhecido no mundo antigo – tornou-se o dispositivo através do qual a

---

[13] Cf. G. Agamben, *Karman: breve trattato sull'azione, la colpa e il gesto*. Torino: Bollati Boringhieri, 2017, pp. 47-48.

teologia cristã tentou dar fundamento à ideia de uma *ação livre e responsável*, dependente da faculdade da vontade de um sujeito, que, por seu *livre arbítrio*, é pensado e julgado como sua causa eficiente de seu agir.

> A arqueologia da subjetividade não pode ser apenas gnoseológica: ela é, antes de tudo, pragmática. Antes de nascer, já nos precursores medievais de Descartes, como sujeito da consciência, alguma coisa como um sujeito foi postulado e produzido na esfera da práxis, como centro de imputação da ação voluntária. Nesta perspectiva se poderia dizer tanto que o fim não é senão o ponto de fuga que, já a partir da *proairesis* aristotélica, as intenções e as ações de um sujeito projetam diante dele, quanto que o sujeito da ação não é senão a sombra projetada que o fim lança atrás de si.[14]

Trata-se, em todo caso, de encontrar um centro de imputação para o *crimen/karman*, para o mistério da ação humana.

A esta exigência responde o dispositivo da vontade – atribuído à ação humana e divina –, que constitui, também para Agamben, um mistério insondável. Assim como é um mistério impenetrável a relação entre crime e *karman*, que tem apoio na raiz etimológica do sânscrito, sem este dispositivo da vontade e de seu subreptício sujeito de inerência do querer, a ética, o direito e a política modernas entrariam em colapso. A crítica ao primado do conceito de vontade constitui, portanto, uma espécie de contraponto que acompanha passo a passo a crítica por Agamben do primado da ação, que, de Aristóteles a nossos dias, permanece intocado como categoria nuclear da tradição ética ocidental.

> Se, seguindo os rastros de um famoso artigo de Antoine Meillet em *La Religion Indo-européenne*, se quisesse falar, ainda que com a devida cautela, de algo como uma ética indo-europeia, então o conceito de *karman/crimen* seria certamente sua categoria básica. Sem essa noção, de fato, tanto a doutrina budista de uma libertação do homem da esfera cármica do fazer concatenado quanto a concepção de culpa e punição, de ação virtuosa e sua recompensa, que são a base da lei e da moralidade do Ocidente, simplesmente não teriam sentido.[15]

---

[14] *Ibid.*, p. 127.
[15] "Se, sulle tracce di un celebre articolo di Antoine Meillet su *La Réligion Indo-européenne*, si volesse parlare, sia pure con le dovute cautele, di qualcosa come un'etica indoeuropea, allora il concetto di karman/crimen sarebbe certamente la sua categoria fondamentale. Senza questa nozione, infatti, sia la dottrina buddhista di una liberazione dell'uomo dalla sfera karmica del fare concatenato, sia la concezione della colpa e della pena, dell'agire virtuoso e della sua ricompensa, che stanno alla base del diritto e della morale dell'Occidente, non avrebbero semplicemente senso." *Ibid.*, p. 51.

Como resultado de um minucioso trabalho histórico-linguístico, Agamben procura trazer à tona que a liberdade da vontade – peça cardinal da teologia cristã, bem como da ética, da política e do direito no mundo moderno – é o dispositivo que torna possível e reforça, pela via do conceito de culpabilidade/imputação, o enquadramento do agir humano e suas consequências, na esfera jurídica da lei, e, portanto, da culpa, do débito, no universo do direito. Trata-se de uma constelação conceitual – de natureza ao mesmo tempo teórica e prática, ontológica, religiosa, ética e metafísica – induzida e facilitada por uma matriz linguística indo-germânica, ou seja, pelo radical sânscrito –, o que explica o curioso parentesco de família entre a doutrina budista do karman-samsara e o conceito cristão de pecado original.

> Como agora deve ficar evidente, nossa hipótese é, de fato, que o conceito de crime, de ação sancionada, ou seja, imputável e produtora de consequências, é o fundamento não apenas do direito, mas também da ética religiosa e da moral do Ocidente. Se esse conceito, por algum motivo, faltasse, todo o edifício da moralidade entraria em colapso irrevogavelmente. O que torna ainda mais urgente verificar a sua solidez.[16]

Embora o próprio Giorgio Agamben não estabeleça explicitamente a relação que ora proponho, não é possível transcurar em seu empreendimento a reverberação da genealogia da moral, tal como levada e efeito no pensamento de Friedrich Nietzsche. Tanto assim que uma das teses centrais da segunda dissertação de *Genealogia da moral* – um escrito polêmico concebido sob a égide filosófica do niilismo europeu – consiste precisamente na derivação dos conceitos ético-morais de culpa, consciência de culpa e santidade do dever das categorias econômico-jurídicas de dívida, débito, provenientes do âmbito social da troca, do escambo, da compra, da venda e do crédito – bem como a imbricação de tais conceitos com os procedimentos jurídico-criminais das penas e castigos.

> O sentimento de culpa [*Schuld*], da obrigação pessoal teve origem na mais antiga e primordial relação pessoal, na relação entre comprador e vendedor, credor e devedor: foi então que pela primeira *vez* defrontou-se, *mediu-se uma* pessoa com outra. Não foi ainda encontrado um grau de civilização tão baixo que não exibisse algo dessa relação. Estabelecer preços, medir valores, imaginar equivalências, trocar – isso ocupou de

---

[16] "La nostra ipotesi è, infatti, come dovrebbe essere ormai evidente, che il concetto di *crimen*, di un'azione sanzionata, cioè imputabile e produttrice di conseguenze, stia a fondamento non soltanto del diritto, ma anche dell'etica e della morale religiosa dell'Occidente. Se questo concetto dovesse, per qualche motivo, venir meno, l'intero edificio della morale crollerebbe irrevocabilmente. Tanto più urgente è verificarne la solidità." *Ibid.*, p. 52.

tal maneira o mais antigo pensamento do homem que num certo sentido *constituiu* o pensamento: aí se cultivou a mais velha perspicácia, aí se poderia situar o primeiro impulso do orgulho humano, seu sentimento de primazia diante dos outros animais.[17]

É preciso manter presente que esta passagem da *Genealogia da Moral* só pode ser adequadamente compreendida a partir da derivação filológica da palavra alemã *Mensch* (ser humano, homem) a partir do sânscrito *"manas"*, cuja raiz linguística é *"ma"* com a significação fundamental de "atribuir medida".

Com base nesses elementos, pode-se estabelecer uma relação consistente entre Agamben e Nietzsche quanto a tais derivações histórico-lingüísticas, em perspectiva intercultural, particularmente à vista do conceito de vontade, pensado como dispositivo de imputação e operador de subjetividade:

> A primazia da vontade sobre a potência é implementada na teologia cristã por meio de uma estratégia tríplice. Trata-se, antes de tudo, de separar a potência do ela que pode, de isolá-la do ato; em segundo lugar, trata-se de desnaturalizar a potência, retirando-a da necessidade de sua própria natureza e amarrando-a à contingência e ao livre-arbítrio; enfim, trata-se de limitar seu caráter incondicional e totipotente para torná-la governável por um ato de vontade.[18]

Trata-se de um *insight* que acompanha de muito perto a crítica lógico-gramatical da categoria de substância (sujeito), tal como levada a efeito por Nietzsche:

> Um *quantum* de força equivale a um mesmo *quantum* de impulso, vontade, atividade – melhor, nada mais é senão este mesmo impulso, este mesmo querer e atuar, e apenas sob a sedução da linguagem (e dos erros fundamentais da razão que nela se petrificaram), a qual entende ou mal-entende que todo atuar é determinado por um atuante, um "sujeito", é que pode parecer diferente. Pois assim como o povo distingue o corisco do clarão, tomando este como *ação*, operação de um sujeito de nome corisco, do mesmo modo a moral do povo discrimina entre a força e as expressões da força, como

---

[17] F. Nietzsche, *Genealogia da Moral* II § 8. Trad. Paulo César de Souza. São Paulo: Companhia das Letras, 1998, p. 59.
[18] "Il primato della volontà sulla potenza si attua nella teologia cristiana attraverso una triplice strategia. Si tratta, innanzi tutto, di separare la potenza della ciò che può, di isolarla dall'atto; si tratta, in secondo luogo, di denaturalizzare la potenza, di sottrarla alla necessità della propria natura e di legarla alla contingenza e al libero arbitrio; si tratta, infine, di limitarne il carattere incondizionato e totipotente per renderla governabile attraverso un atto di volontà." G. Agamben, *op. cit*, p. 87.

se por trás do forte houvesse um substrato indiferente que *fosse livre* para expressar ou não a força. Mas não existe um tal substrato; não existe "ser" por trás do fazer, do atuar, do devir; "o agente" é uma ficção acrescentada à ação – a ação é tudo.[19]

Não é possível deixar de notar que tais derivações são feitas na linhagem de um legado cultural situado no núcleo da tradição filosófica ocidental. Nos marcos desta tradição, substância, em sentido originário, é essência necessária: tudo o que é, é em virtude de sua essência necessária, que é também sua causa intrínseca ou extrínseca, a razão de ser, que designa tudo o que há de real e cognoscível nas coisas; portanto, existe necessariamente, como estrutura necessária do ser em sua conexão causal, porque todas as espécies de causa são determinações da substância primeira, ou autêntica.

> Substância no sentido mais próprio, originalíssimo e destacadíssimo é aquilo que nem pode ser dito de um sujeito, nem está num sujeito, como, por exemplo, num determinado homem ou num determinado cavalo. Substâncias segundas significam os gêneros aos quais as substâncias no primeiro sentido pertencem, elas são as suas espécies. Assim, por exemplo, um determinado homem pertence ao gênero homem, e a espécie do gênero é o ser sensível.[20]

A substância é também considerada por Aristóteles, em relação ao conhecimento das coisas particulares, como *sujeito* υποκείμενον (*subjectum* ou *suppositum*), *aquilo de que se fala, ou aquilo a que se atribui ou são inerentes propriedades e determinações (predicados, atributos)*. Substância segunda é, pois, entendida como universal, gênero ou espécie. Na interpretação de Tomás de Aquino, a substância, em seus vários sentidos, é identificada com **quiditas**, ou **quididade**.

> Porque só existe conhecimento de cada coisa quando conhecemos a sua essência; e com o bem dá-se o mesmo que com as outras coisas; de modo que, se a essência do bem não é boa, tampouco é real a essência da realidade ou una a essência da unidade. E todas as coisas existem igualmente, ou não existe nenhuma delas; de modo que se a essência da realidade não é real, tampouco o é nenhuma das outras.[21]

*Quod quid erat esse* – τό τι ήν νείναι: **indica a estabilidade do ser desde sempre e para sempre.** Este é o objeto da definição e do conhecimento científico. "Em verdade, a questão que outrora se levantou, que ainda hoje

---

[19] F. Nietzsche, *Genealogia da Moral*. II, 13. Trad. Paulo César de Souza. São Paulo: Companhia das Letras, 1998, p. 36.
[20] Cf. Aristóteles. *Categorias*, v, 2 a. In: *Philosophische Shriften*. Trad. Eugen Rolfes. Darmstadt: WBG, 1995; v. 1, p. 3.
[21] Aristóteles. *Metafísica*: Livro VII, 6, 1031 b. Trad. bras. Leonel Vallandro. Porto Alegre: Globo, 1969, pp. 155-156.

é levantada e sempre o será, que sempre é matéria de dúvida – a saber, o que é o ser – identifica-se com a questão: que é a substância?".[22] Em termos de Nietzsche: "'Sujeito', 'objeto', 'predicado' – essas separações foram *feitas* e agora recobrem, como esquemas, tudo o que aparentemente são fatos. A falsa observação fundamental é a de que creio que sou *eu* quem faz algo, quem sofre algo, que 'tem' algo, que 'tem' uma propriedade".[23]

A estrutura substancial do Ser é o *fundamento* do saber e da ciência, que pode ser diretamente intuída pelo intelecto, quando é a essência necessária das coisas que não têm sua causa fora delas mesmas [nesse caso, constitui o domínio dos princípios primeiros, que são fundamentos de demonstração]; ou, no caso da essência necessária de coisas que têm sua causa fora delas mesmas, pode ser exibida ou demonstrada por uma cadeia consistente de raciocínio.

O dispositivo ontológico, na filosofia primeira de Aristóteles, é, portanto, a divisão e separação do Ser em substância primeira e substância segunda, substância e atributos, substância e modos. "Temos tratado do ser primeiro, a que se referem todas as outras categorias do ser – isto é, a substância. Efetivamente, é devido à sua relação com a substância que se diz que as outras coisas – a quantidade, a qualidade etc – *são*."[24] Nos termos da interpretação de Agamben, estas distinções obedecem a um mesmo mecanismo "arcaico": a divisão opõe aquilo que divide de tal maneira que uma parte é rechaçada, excluída, expelida para trás, impelida para o fundo, e posta então como origem, para, em seguida, ser rearticulada e incluída, desta vez como fundamento da outra.

> A distinção *dizer* (dizer de um sujeito) e *ser* (ser/estar num sujeito) não corresponde tanto à oposição entre linguagem e ser, linguístico e não linguístico, quanto à promiscuidade entre os dois significados do verbo "ser" (*einai*), aquele existensivo e aquele predicativo. A estrutura da subjetivação/pressuposição permanece a mesma nos dois casos: a articulação operada pela linguagem pre-sub-põe sempre uma relação de predicação (geral/particular) ou de inerência (substância/acidente)

---

[22] Aristóteles. *Metafísica*, Livro VII, 1, 1028 b. Trad. bras. Leonel Vallandro. Porto Alegre: Globo, 1969, p. 148.

[23] F. Nietzsche, Fragmento inédito n. 36 (26) 1885: "'Subjekt' 'Objekt' *'Prädikat'* – diese Trennungen sind gemacht und werden jetzt wie Schemata übergestülpt über alle anscheinenden Thatsachen. Die falsche Grundbeobachtung ist, daß ich glaube, ich bin's, der etwas thut, der etwas leidet, der etwas 'hat', der eine Eigenschaft 'hat'". In: *Sämtliche Werke*. Kritische Studienausgabe. G. Colli; M. Montnari. Berlim; Nova York; München: De Gruyter; DTV. 1980, v. 11, p. 562.

[24] Aristóteles. *Metafísica*, Livro IX, 1, 1045 b 27-30. Trad. bras. Leonel Vallandro. Porto Alegre: Globo, 1969.

com respeito a um sujeito, a um existente sub-jacente (que jaz-no-fundo). *Legein*, "dizer", significa em grego "recolher e articular os *entes* por meio das *palavras*: onto-*logia*. Mas, desse modo, a distinção entre *dizer* e *ser* permanece não interrogada, e é esta opacidade de sua relação que será transmitida por Aristóteles à filosofia ocidental, que a acolherá sem benefício de inventário.[25]

Esta divisão confere à ontologia de Aristóteles um traço característico, que passa a ser determinante para a tradição filosófica ocidental. Segundo Agamben, a cisão assim operada remonta a uma injunção "arcaica", cuja estrutura é determinada pela clivagem: uma parte do todo (Ser) é rechaçada, excluída, expelida e recalcada para o fundo, impelida para trás, de tal modo, porém, que é posta como origem, para, em seguida, ser rearticulada e incluída como fundamento da outra parte. É o caso paradigmático da substância primeira, em Aristóteles, que é o suporte não enunciável de toda enunciação.

Desta cesura no Ser e do Ser surge o protótipo da noção de *propriedade*, uma vez que esta se decalca sobre a predicação, na estrutura elementar da proposição atributiva: a atribuição de um predicado a um sujeito (relação predicativa mediada pelo verbo ser com função de cópula) como atributo e *propriedade essencial ou acidental* pressupõe e se apoia na relação lógico-gramatical de sujeito e predicado. Sendo assim, a propriedade deriva lógica e gramaticalmente da relação de subsistência e inerência, que, por sua vez, pressupõe a relação gramatical entre sujeito e predicado (objeto) nas sentenças atributivas.

A divisão e separação do Ser em substância primeira e substância segunda, em substância e atributos, substância e modos, obedece a um mecanismo "arcaico", radicado na gramática da linguagem. Nesta divisão atua embutida uma exclusão includente, em virtude da qual uma parte expelida para trás, suspensa e mantida no fundo, para ser posta como origem, e, em seguida, ser de novo rearticulada e incluída como fundamento da outra. Separa-se, assim, a essência de sua realização, a potência daquilo que ela efetivamente pode, isolando-a do ato. Em termos de Nietzsche, podemos formular este processo como correspondendo à "*história psicológica* do conceito de 'sujeito'. O corpo, a coisa, o 'todo' construído pelo olho, desperta a diferenciação entre um fazer e um agente: o agente, a causa do fazer apreendido de modo sempre mais refinado, deixou restar por fim o 'sujeito' ".[26] No que diz respeito a Agamben, separa-se também, pela mesma operação, a vida de sua

---

[25] G. Agamben, *L'Uso dei Corpi*. Vicenza: Neri Pozza, 2014, p. 158.
[26] F. Nietzsche, Fragmento inédito n. 2 (158) do outono de 1885 – outono de 1886: "*Psychologische Geschichte* des Begriffs 'Subject'. Der Leib, das Ding, das vom Auge construirte 'Ganze' erweckt die Unterscheidung von einem Thun und einem Thuenden; der Thuende, die Ur-

forma, de conformidade com uma estrutura operante em que se reproduz a diferenciação entre essência primeira/essência segunda, *quod est/quid est*, ato/potência, essência/existência, substância/atributo, sujeito/predicado.

A cisão que opera no plano da ontologia é a mesma que incide no campo religioso – *ex-ceptio*, na terminologia do autor, que separa e sacraliza a vida dos *homini sacer*, excluindo-a do direito divino e humano; divisão opositiva que é estruturalmente análoga daquela que produz a *vida nua*, ao efetuar sua exclusão da esfera da vida ética politicamente qualificada. Daí poder-se concluir, com Agamben, que a relação ontológica se estabelece entre o ente pressuposto pela linguagem e o seu ser na linguagem, de modo que irrelata é, como tal, antes de tudo a própria relação linguística.[27]

Com a derivação histórico-lingúistica, lógica e ontológica da separação entre a essência e sua realização atual no plano da existência, entre mundo/linguagem, vivente/falante, vida nua/vida politicamente qualificada, Agamben mostra, ao silenciar expressamente sobre ela, seu estreito parentesco com a derivação traçada por Nietzsche entre gramática e religião, gramática e metafísica, lógica, linguagem e ontologia. Decisivo, em todos esses casos, é, ao longo da história da filosofia Ocidental, tanto o ser como a vida serão interrogados nas e pelas cisões e participações que ligam e separam.

> De fato, nada teve até aqui uma força de convencimento mais ingênua do que o erro do Ser, como foi formulado pelos Eleatas, por exemplo: ele tem a seu favor cada palavra, cada sentença que pronunciamos! Mesmo os adversários dos Eleatas ainda sucumbiram à sedução de seu conceito de ser: Demócrito, entre outros, quando inventou seu átomo ... A razão na linguagem: Oh, que enganadora personagem feminina! Temo que não nos desembaraçaremos de Deus, porque ainda cremos na gramática...[28]

---

sache des Thuns immer feiner gefaßt, hat zuletzt das 'Subjekt' übrig gelassen." In: *Sämtliche Werke*. Kritische Studienausgabe. Org. G. Colli; M. Montnari. Berlim; Nova York; München: De Gruyter; DTV. 1980, v. 12, p. 143.

[27] Cf. G. Agamben, *L'Uso dei Corpi, op. cit.* pp. 159-160.

[28] F. Nietzsche, *Götzendämmerung. Die "Vernunft" in der Philosophie*, 5. In: KSA. *Op. cit.*, v. 6, p. 7 s.

## Bibliografia

AGAMBEN, G. *Karman: breve trattato sull'azione, la colpa e il gesto.* Torino: Bollati Boringhieri, 2017.

_____. *L'Uso dei Corpi. la colpa e il gesto.* Vicenza: Neri Pozza, 2014.

ARISTÓTELES. *Works.* Tr. Ed. W. D. Ross. Palala Press, 2016.

GERHARDT, V. *Pathos und Distanz. Studien zur Philosophie Friedrich Nietzsches.* Stuttgart: Philipp Reclam Verlag, 1988,

NIETZSCHE, F. "Jenseits von Gut und Böse" in: COLLI, G. e MONTINARI, M. (orgs.), *Sämtliche Werke.* Kritische Studienausgabe. Berlim; Nova York; Munique: De Gruyter; DTV, v. 5, 1980a.

_____. "Nachgelassene Fragmente", in: COLLI, G. e MONTINARI, M. (orgs.), *Sämtliche Werke.* Kritische Studienausgabe. Berlim; Nova York; Munique: De Gruyter; DTV, v. 11, 1980b.

_____. "Nachgelassene Fragmente", in: COLLI, G. e MONTINARI, M. (orgs.), *Sämtliche Werke.* Kritische Studienausgabe. Berlim; Nova York; Munique: De Gruyter; DTV, v. 12, 1980c.

_____. *Genealogia da moral*, trad. bras. Paulo César de Souza. São Paulo: Companhia das Letras, 1998.

_____. *Além do bem e do mal*, trad. bras. Paulo César de Souza. São Paulo: Companhia das Letras, 2005.

SCHANK, G. *'Rasse' und 'Züchtung' bei Nietzsche.* Berlim; Nova York: Walter de Gruyter, 2000.

STEGMAIER, W. *Nietzsches Befreiung der Philosophie.* Berlim/Boston: Walter de Gruyter, 2012.

TÜRCKE, C. *Quote, Rasse, Gender(n). Demokratisierung auf Abwegen.* Springe: Zu Klampen Verlag, 2021.

# 7 |
# Conclusão

Os textos que compõem o presente volume foram reunidos com o objetivo principal de mostrar como o pensamento de Nietzsche – sobretudo a partir de sua reconstituição genealógica da história do niilismo europeu e do perspectivismo que a ela se associa – dá ensejo a um encontro acolhedor e a uma confrontação (*Auseinandersetzung*) produtiva com outras experiências culturais, não europeias, e, neste sentido, situa-se num horizonte de interculturalidade. Tentei mostrar como esta abertura implica uma resignificação dos conceitos de universalidade e objetividade do conhecimento tradicionalmente vinculados à *ratio* lógica, de extração euroetnocêntrica.

Por certo, trata-se aqui de uma interpretação, que certamente não tem o propósito de apresentar-se como exaustiva, nem de excluir outras leituras da relação entre a filosofia de Friedrich Nietzsche e outras tradições culturais com as quais a obra deste filósofo se ocupou. Não se pode ignorar a imputação a Nietzsche de um eurocentrismo difuso de que Hegel talvez seja um dos mais pronunciados representantes:

> A história universal caminha do leste para o oeste; pois a Europa é pura e simplesmente (*schlechthin*) o fim da história universal, a Ásia é o começo. Para a história universal, um leste está presente à mão (*ist vorhanden*), enquanto por si o leste é totalmente relativo, pois ainda que a Terra forme uma esfera, a história, no entanto, não perfaz nenhum círculo em torno dela, mas, ao invés disso, tem um determinado leste, e este é a Ásia. Aqui se levanta o sol exterior, físico, e se põe no oeste; aqui, porém, se levanta o sol interior da consciência de si, que espalha um brilho superior. A história universal é o cultivo (*Zucht*) da independência da vontade natural para a universalidade da liberdade subjetiva.[1]

---

[1] "Die Weltgeschichte geht von Osten nach Westen; denn Europa ist schlechthin das Ende der Weltgeschichte, Asien der Anfang. Für die Weltgeschichte ist ein Osten vorhanden, während der Osten für sich etwas ganz Relatives ist, denn obgleich die Erde eine Kugel bildet, so macht die Geschichte doch keinen Kreis um sie herum, sondern sie hat vielmehr einen bestimmten Osten, und das ist Asien. Hier geht die äußerliche physische Sonne auf, und im Westen geht sie unter: dafür steigt aber hier die innere Sonne des Selbstbewußtseins auf,

Eurocentrismo explícito, do qual também não escaparam outros célebres predecessores de Nietzsche, como David Hume, Immanuel Kant e Auguste Comte, e também importantes sucessores, como Martin Heidegger. Também ao próprio Nietzsche é atribuído um viés eurocêntrico, frequentemente associado com sua exaltação da Europa como a "pátria" da razão e da ciência e, portanto, como o berço dos espíritos livres, os "bons europeus", cujas virtudes irradiariam prodigamente seus benéficos efeitos sobre o resto do mundo.

> "Razão e Ciência, suprema força do homem" – como pelo menos Goethe é de opinião. O grande naturalista Von Baer vê a superioridade dos europeus em relação aos asiáticos na capacidade adquirida na escola de oferecer as razões para tudo aquilo em que creem, algo de que os asiáticos não são absolutamente capazes. A Europa frequentou a escola do pensar coerente e crítico, enquanto a Ásia ainda não sabe distinguir entre a poesia e a realidade e não está consciente de onde vêm suas convicções, se da sua própria observação e pensamento correto ou de fantasias. – A razão na escola fez da Europa a Europa: na Idade Média ela estava a caminho de se tornar novamente um pedaço e apêndice da Ásia – isto é, de perder o senso científico que devia aos gregos.[2]

Visto por este ângulo, ainda que não pudesse ser rotulado como nacionalista – uma vez que as críticas vigorosas de Nietzsche à mentalidade canhestra do nacionalismo alemão impediriam esta identificação da maneira mais inequívoca –, no entanto ele teria apenas uma mal disfarçada altivez condescendente, uma sobranceira tolerância para com a experiência histórica de outros povos culturais, considerados sempre a partir das altas montanhas de Zaratustra, da segura distância em que se situa o território dos "bons europeus", dos grandes e admirados pensadores, poetas e políticos, como Goethe, Beethoven, Stendhal, Heinrich Heine, Schopenhauer, Napoleão. Sendo assim, Nietzsche não consideraria a condição espiritual de outros povos (não europeus ou de sociedades que não se formaram sob a égide dos valores e princípios da Europa) como formações *culturais* em sentido equivalente àquele atribuído a "nós", os "bons europeus". Uma postura que, no caso de Nietzsche, corresponderia a outras suas idiossincrasias e "extemporaneidades" suspeitas, como as que dizem respeito a raça e gênero, por exemplo.

---

die einen höhern Glanz verbreitet. Die Weltgeschichte ist die Zucht von der Unbändigkeit des natürlichen Willens zum Allgemeinen und zur subjektiven Freiheit". Georg Friedrich Wilhelm Hegel, *Die Vernunft in der Geschichte*, herausgegeben von Johannes Hoffmeister. Fünfte, abermals verbesserte Aufgabe. Hamburg: Verlag von Felix Meiner, 1955, S. 251-257.

[2] F. Nietzsche, *Humano, demasiado humano* I, § 265. Trad. Bras. Paulo César de Souza. São Paulo: Companhia das Letras, 2000, p. 182.

No entanto, na obra de Nietzsche – tanto os livros publicados quanto o material inédito, que faz parte do espólio filosófico –, a profusão de perspectivas é a melhor atestação para o seu conceito de objetividade, que resulta da multiplicidade diferencial dos vértices analíticos, dos diferentes olhares sobre um "mesmo" objeto, neste caso a Europa e sua história cultural. E nos escritos de Nietzsche encontram-se inúmeros apoios suficientemente sólidos para atestar a natureza intercultural de sua filosofia – no sentido de abertura para o diálogo isonômico e confrontação com outros "mundos da vida". De modo que recorrer ao pluralismo das múltiplas perspectivas, não implica em replicar o gesto daqueles maus leitores, que Nietzsche compara com soldados em pilhagem: "os piores leitores são os que agem como soldados saqueadores: retiram alguma coisa de que podem necessitar, sujam e desarranjam o resto e difamam todo o conjunto".[3] Não se trata, pois, de desarranjar o que sobra, desfigurando a obra, e muito menos de caluniar seu conjunto – senão que justamente do contrário. Para constatá-lo, basta recorrer a alguns testemunhos pertinentes. Por exemplo, ao aforismo 25 de *Humano, demasiado humano* I.

> Após o fim da crença de que um Deus dirige os destinos do mundo e, não obstante as aparentes sinuosidades no caminho da humanidade, a conduz magnificamente à sua meta, os próprios homens devem estabelecer para si objetos ecumênicos, que abranjam a Terra inteira. A antiga moral, notadamente a de Kant, exige do indivíduo ações que se deseja serem de todos os homens: o que é algo belo e ingênuo; como se cada qual soubesse, sem dificuldade, que procedimento beneficiaria toda a humanidade, e portanto que ações seriam desejáveis. É uma teoria como a do livre-comércio, pressupondo que a harmonia universal *tem* que produzir-se por si mesma, conforme leis inatas de aperfeiçoamento. Talvez uma futura visão geral das necessidades da humanidade mostre que não é absolutamente desejável que todos os homens ajam do mesmo modo, mas sim que, no interesse de objetivos ecumênicos, deveriam ser propostas, para segmentos inteiros da humanidade, tarefas especiais e talvez más, ocasionalmente. Em todo caso, para que a humanidade não se destrua com um tal governo global consciente, deve-se antes obter, como critério científico, para objetivos ecumênicos, um *conhecimento das condições da cultura* que até agora não foi atingido. Esta é a imensa tarefa dos grandes espíritos do próximo século.[4]

Estabelecer para si objetivos ecumênicos – num tempo em a Providência Divina ou a ordenação/significação ética do universo não se asseveram

---

[3] F. Nietzsche, *Humano, demasiado humano* II. *Opiniões e Sentenças Diversas* § 137. Trad. Paulo César de Souza. São Paulo: Companhia das Letras, 2008, p. 66.
[4] Id., *Humano, demasiado humano* I, § 25. Trad. Paulo César de Souza. São Paulo: Cia das Letras, 2000, p. 33.

mais como garantias suficientes para atestar a marcha da razão na história ou a vigência de um propósito ético na natureza – significa pensar a tarefa da cultura como processo de autoformação dos seres humanos na história, como exclusiva responsabilidade deles mesmos; todavia, tendo em vista a nova figura do mundo, significa fazê-lo de modo que tais objetivos tenham um alcance planetário, "abranjam a Terra inteira". Não, porém, a partir de uma instância redutora, de um núcleo identitário centralizador, de uma perspectiva totalizante e unitária – a partir da qual se pudesse resolver, sem dificuldades, a questão do que seria um propósito ou finalidade benéfica para o todo da humanidade. Isto equivaleria à teoria mercantilista do livre-comércio, à crença nas virtudes taumatúrgicas da providencial "mão do mercado", capaz de conduzir, por si mesma, a uma harmonia universal, de acordo com leis naturais de perfeição e desenvolvimento.

Já no texto *Humano, demasiado humano*, pertencente ao assim chamado período intermediário de sua filosofia, Nietzsche recusa este tipo de direção a partir de uma unidade centralizadora, de um ponto de ancoragem para a revelação de um sentido último. As necessidades da humanidade, consideradas sob o ponto de vista geral de seu futuro, podem mesmo ser prejudicadas por um tal governo global consciente; elas exigem um tipo especial de conhecimento – de critério científico para objetivos ecumênicos e, portanto, que sejam antes de tudo respeitadas as "condições da cultura". Como um tal gênero de conhecimento ainda não fora alcançado, esta seria então, para Nietzsche, uma tarefa para o futuro.

Considero que a cogitação de uma tarefa desta natureza já anunciava o caráter intercultural da filosofia nietzscheana. Já permitia pressentir um horizonte e um caminho que seu pensamento efetivamente viria a trilhar de modo decidido, fazendo-o a partir da destruição crítica, consciente, deliberada e responsável, do caráter pseudocientífico do que em seu tempo se denominava *história universal*, *Weltgeschichte* em sentido hegeliano. Para Nietzsche, a pretensa universalidade desta narrativa é miopia histórica e mistificação ideológica.

> Cada pequeno passo no âmbito do livre pensar, da vida pessoalmente configurada, sempre foi pelejado com martírios físicos e espirituais: não apenas o passo à frente! Mas sobretudo o andar, o movimento, a mudança precisou de seus incontáveis mártires, por longos milênios de busca de caminhos e fundação de alicerces, nos quais não se costuma pensar quando se fala de "história mundial" [*Weltgeschichte*], dessa parte ridiculamente pequena da existência humana; e

mesmo nesta chamada história mundial [*Weltgeschichte*], que, no fundo, é apenas ruído acerca das últimas novidades, não há tema mais importante do que a antiquíssima tragédia dos mártires *que buscaram mover o pântano*.[5]

Ainda que o texto citado contemple a questão do movimento e da mudança no âmbito do livre pensamento e de uma vida genuinamente pessoal, sua conclusão se estende de modo inequívoco para alcançar o plano da assim chamada "história universal", considerada por Nietzsche, no entanto, como uma fração ridiculamente pequena da existência humana, arrogante o suficiente para se auto proclamar o centro do mundo. Portanto, do ponto de vista da filosofia de Nietzsche, uma autêntica história universal teria de incluir longos e obscuros períodos de tempo que impregnaram e fixaram o caráter do humano – sua pré-história, por conseguinte, assim como a história de formação das diferentes experiências culturais, uma prodigiosa e difícil tarefa, cuja realização seria até mesmo bastante problemática, mas que, em todo caso, exigiria o concurso de muitos saberes – de muitas perspectivas, múltiplos olhares.

Um exemplo especialmente significativo desta deposição do euro-etnocentrismo pode ser ilustrado com uma versão nietzscheana do desenvolvimento interno dos elementos do Cristianismo – a religião que, no plano da "história universal" de feitio kantiano-hegeliano, representa um momento decisivo da consciência de si do espírito universal. Nietzsche a formula abreviadamente no interior de um curto parêntese inserido no §,27 de sua *Genealogia da moral*: "(O mesmo desenvolvimento na Índia, em completa independência e por isso com algum valor de prova; o mesmo ideal levando ao mesmo fim; o ponto decisivo alcançado cinco séculos antes do calendário europeu, com Buda; mais precisamente, com a filosofia Sankhya, em seguida popularizada por Buda e transformada em religião)".[6]

Textos como estes nos permitem compreender as limitações do eurocentrismo, mas também exibem como, no pensamento de Nietzsche, natureza e cultura se relacionam entre si de muitos e diferentes modos, a ponto de, no limite, tornarem-se dificilmente discerníveis – uma problematização que se verifica também em algumas correntes atuais da antropologia. Para Nietzsche, a pré-história de formação de povos e etnias exige sua reconstituição a partir das matrizes linguísticas estabilizadas

---

[5] F. Nietzsche, *Aurora*. §18. Trad. Paulo César de Souza. São Paulo: Companhia das Letras, 2004, p. 24s.

[6] Id., *Genealogia da moral*. III, 27. Trad. Paulo César de Souza. São Paulo: Companhia das Letras, 1998, p. 147.

nas funções gramaticais das línguas históricas que remetem a uma mesma matriz – como o hindo-germânico ou o uralo-altaico; mas exige também a referência a todo um universo de práticas sociais, históricas e políticas que a filosofia não pode ignorar. É à luz desta ampliação do campo de experiências que procurei demarcar a abertura necessariamente intercultural do perspectivismo de Nietzsche. Em especial, interessa-me mostrá-la também em relação com a história de formação do Brasil, também com experiências e problemas que ainda hoje nos atravessam.

Dados Internacionais de Catalogação na Publicação (CIP)
(Câmara Brasileira do Livro: SP, Brasil)

G429p    Giacoia, Oswaldo

*Perspectivismo e interculturalidade*. Oswaldo Giacoia. São Paulo,
SP: n-1 edições, 2025.
122 páginas; 14 cm x 21 cm.

ISBN: 978-65-6119-040-4

1. Filosofia. I. Título. II. Série

CDD: 100
2025-622
CDU: 1

**Elaborado por Odilio Hilario Moreira Junior (CRB-8/ 9949)**

Índices para catálogo sistemático:
1. Filosofia 100
2. Filosofia 1